Tucholsky
Wagner
Zola
Turgenev
Wallace
Twain
Walther von der Vogelweide
Fouqué
Friedrich II. von Preußen
Freiligrath
Weber
Kant
Ernst
Frey
Fechner
Fichte
Weiße Rose
von Fallersleben
Richthofen
Frommel
Hölderlin
Engels
Fielding
Eichendorff
Tacitus
Dumas
Fehrs
Faber
Flaubert
Eliasberg
Ebner Eschenbach
Feuerbach
Maximilian I. von Habsburg
Fock
Eliot
Zweig
Ewald
Vergil
Goethe
Elisabeth von Österreich
London
Mendelssohn
Balzac
Shakespeare
Dostojewski
Ganghofer
Lichtenberg
Rathenau
Doyle
Gjellerup
Trackl
Stevenson
Hambruch
Mommsen
Tolstoi
Lenz
Hanrieder
Droste-Hülshoff
Thoma
von Arnim
Hägele
Hauff
Humboldt
Dach
Verne
Reuter
Rousseau
Hagen
Hauptmann
Gautier
Karrillon
Garschin
Defoe
Hebbel
Baudelaire
Damaschke
Descartes
Hegel
Kussmaul
Herder
Wolfram von Eschenbach
Dickens
Schopenhauer
Darwin
Melville
Grimm
Jerome
Rilke
George
Bronner
Bebel
Proust
Campe
Horváth
Aristoteles
Bismarck
Vigny
Barlach
Voltaire
Federer
Herodot
Gengenbach
Heine
Storm
Casanova
Tersteegen
Gilm
Grillparzer
Georgy
Chamberlain
Lessing
Langbein
Gryphius
Brentano
Lafontaine
Strachwitz
Claudius
Schiller
Kralik
Iffland
Sokrates
Katharina II. von Rußland
Bellamy
Schilling
Gerstäcker
Raabe
Gibbon
Tschechow
Löns
Hesse
Hoffmann
Gogol
Wilde
Gleim
Vulpius
Luther
Heym
Hofmannsthal
Klee
Hölty
Morgenstern
Roth
Heyse
Klopstock
Kleist
Goedicke
Luxemburg
Puschkin
Homer
Mörike
Musil
La Roche
Horaz
Machiavelli
Kierkegaard
Kraft
Kraus
Navarra
Aurel
Musset
Moltke
Nestroy
Marie de France
Lamprecht
Kind
Kirchhoff
Hugo
Laotse
Ipsen
Liebknecht
Nietzsche
Nansen
Ringelnatz
Marx
Lassalle
Gorki
Klett
von Ossietzky
Leibniz
May
vom Stein
Lawrence
Irving
Petalozzi
Platon
Knigge
Pückler
Michelangelo
Kafka
Sachs
Poe
Kock
Liebermann
Korolenko
de Sade
Praetorius
Mistral
Zetkin

Der Verlag tredition aus Hamburg veröffentlicht in der Reihe **TREDITION CLASSICS** Werke aus mehr als zwei Jahrtausenden. Diese waren zu einem Großteil vergriffen oder nur noch antiquarisch erhältlich.

Symbolfigur für **TREDITION CLASSICS** ist Johannes Gutenberg (1400 — 1468), der Erfinder des Buchdrucks mit Metalllettern und der Druckerpresse.

Mit der Buchreihe **TREDITION CLASSICS** verfolgt tredition das Ziel, tausende Klassiker der Weltliteratur verschiedener Sprachen wieder als gedruckte Bücher aufzulegen – und das weltweit!

Die Buchreihe dient zur Bewahrung der Literatur und Förderung der Kultur. Sie trägt so dazu bei, dass viele tausend Werke nicht in Vergessenheit geraten.

Geschichte der Liebe

Versuch einer Philosophie der Geschichte für Damen.

Friedrich von Sontheim

Impressum

Autor: Friedrich von Sontheim
Umschlagkonzept: toepferschumann, Berlin

Verlag: tredition GmbH, Hamburg
ISBN: 978-3-8424-9354-4
Printed in Germany

Ziel der TREDITION CLASSICS ist es, tausende deutsch- und fremdsprachige Klassiker wieder in Buchform verfügbar zu machen. Die Werke wurden eingescannt und digitalisiert. Dadurch können etwaige Fehler nicht komplett ausgeschlossen werden. Unsere Kooperationspartner und wir von tredition versuchen, die Werke bestmöglich zu bearbeiten. Sollten Sie trotzdem einen Fehler finden, bitten wir diesen zu entschuldigen. Die Rechtschreibung der Originalausgabe wurde unverändert übernommen. Daher können sich hinsichtlich der Schreibweise Widersprüche zu der heutigen Rechtschreibung ergeben.

Friedrich von Sontheim

Geschichte der Liebe

oder

Versuch einer Philosophie der Geschichte für Damen.

Eine Festgabe an die Schönen

1855

An R.S.

Ich trank der Erde Luft in vollen Zügen,
Daß ich des Lebens höchstes Gut gewinne; –
Ich floh die Welt, und floh den Dienst der Minne,
Des Geistes reinem Schauen zu genügen.

Doch bald, ermüdet von den hohen Flügen,
Entsank ich schmachtend des Gedankens Zinne,
Um an dem warmen Lebensblut der Sinne
Mein dürstend Herz auf's neue zu betrügen.

Da, in des Hin- und Wiedersehnens Qual,
Hast Du des Friedens Heimath mir erschlossen,
Und meiner ganzen Liebe Dich ergeben:

Und alles Geistes Fülle hab' zumal
Ich mit der Liebe schönem Leibesleben
In der Gewährung Deiner Huld genossen.

Die Tausende von Liebesgeschichten, mit denen man uns in den letzten Jahrzehnten überschwemmt hat, welche namentlich dem weiblichen Publikum fast als einzige und ausschließliche Lektüre geboten wurden, haben – so trivial sie auch größtentheils sein mochten – wenigstens davon Zeugniß gegeben, daß die Liebe eine in das moderne Leben auf's Tiefste eingreifende, dasselbe nach allen seinen Verhältnissen umfassende Macht geworden sei. Nicht nur die ganze Lebensgestaltung des Einzelnen, sondern auch die allgemeinsten gesellschaftlichen, ja politischen Zustände werden wesentlich bedingt durch die Form, in welcher sie sich vollzieht. Kein Verhältniß ist in gleichem Grade dazu geeignet, die höchsten Spitzen des geistigen Lebens mit der nothwendigen Basis des natürlichen Daseins zu vereinigen; nirgends kann so, wie in der Liebe, in die individuellsten Beziehungen, in den flüchtigen Moment die ganze Fülle der reichsten Lebensentwicklung hineingelegt werden. Denn darin besteht eben die Unerschöpflichkeit ihrer Darstellungen, daß, während sie das einfache, unmittelbare Gefühl ist, das jeder ohne Unterschied an sich findet, an ihre Erregungen zugleich der schrankenloseste Inhalt, alle höchsten Probleme des geistigen, alle glühendsten Wünsche des äußeren Lebens sich anknüpfen lassen, daß durch sie das Individuum sich des sonst schlechthin Unerreichbaren bemächtigt und aus seiner dunkeln, verschlossenen Innerlichkeit in eine zauberische Unendlichkeit hinausgeführt wird.

Damals, als noch diese Romane, Novellen, Erzählungen in ihrer bunten Mannichfaltigkeit sich ausbreiteten, lag manchem auch der Gedanke nahe, nicht blos eine einzelne Liebesgeschichte, sondern eine Geschichte der Liebe selbst zu schreiben, das ideale Gefühl zu schildern, nicht wie es in einer einzelnen interessanten Persönlichkeit oder in einer bestimmten pikanten Situation zur Erscheinung kam, sondern dasselbe nach der Totalität seiner Momente und der Formen, in denen es bei dem ganzen Geschlecht, bei den entlegensten Völkern und in den verschiedensten Zeitaltern sich ausprägte, zur Anschauung zu bringen. Dieser Gedanke wurde aber nicht nur nie verwirklicht, sondern jetzt sind sogar die gewöhnlichen Liebesgeschichten zum großen Theile verstummt; die praktischen Richtungen des öffentlichen Lebens haben das poetische Spiel der Phantasie verdrängt; der strenge republikanische Geist kann die Liebe nur nach ihrer blos natürlichen oder nach ihrer praktisch-sittlichen

Seite gewähren lassen; die schlaffe Reaktion ist noch viel zu sehr in ihre unmittelbaren Tendenzen versenkt, um es bis jetzt zu mehr haben bringen zu können als zu vereinzelten Aeußerungen einer wieder aufgewärmten, abenteuerlichen Romantik. Da ist nun die Frage, ob es am Platz sei, in einer scheinbar so ungünstigen Zeit den alten Plan wieder aufzunehmen und das Panier der Liebe zu erheben, wo Alle ganz andern Fahnen zu folgen sich gewöhnt haben.

Die Antwort auf diese Frage liegt in dem hier dargebotenen Buche vor. Die allgemeine Theilnahme hat sich nach meiner Meinung von den erotischen Produktionen abgewendet, weil man sich mit solchen zufälligen Darstellungen nicht mehr zufrieden geben kann, sondern nach Erkenntniß der allgemeinen Gesetze und ihrer geschichtlichen Bewegung auch auf diesem Gebiete trachtet. Die Zeit der Geschichten ist überall vorbei, man verlangt die Geschichte mit ihren Principien und deren innerer Entwicklung; so wird es auch mit der Liebe sein. Soll man sich für sie interessiren, so darf auch sie nicht mehr bloße Privatsache, kein Gegenstand des müßigen Amüsements sein, sondern sie muß als sociale, als philosophische und geschichtliche Frage auftreten. Man »liest« unsern Damen über alles Mögliche, was die meisten Männer selbst nur halb verstehen und ist auf dem besten Wege, die reizende Unmittelbarkeit des weiblichen Wesens zu einem doppelt charakterlosen Abklatsch der männlichen Oberflächlichkeit zu machen; warum nicht lieber ihnen schreiben über das, worin sie geborne Virtuosinnen sind, von dem aus allein sie Alles erfassen und – als von dem springenden Punkte – nach allen Seiten hin die weiteste Perspektive ziehen können? Die Liebesgeschichten mit ihrem zwecklosen Spiel und Getändel sind vorüber, für eine Geschichte der Liebe aber, der ewig sich selbst gleichen und doch in unendlicher Mannigfaltigkeit sich offenbarenden, ist gerade jetzt die rechte Zeit da.

Ist denn aber eine solche auch möglich? so werden diejenigen zuerst fragen, welche die Macht der Liebe am meisten anerkennen, die Frauen vor Allen, welche wohl damit einverstanden waren, daß man dem unaussprechlichem Gefühl an einzelnen poetischen Gestalten einen deutlicheren Ausdruck zu geben versuchte, denen es aber nach ihrer ganzen Anschauungs- und Gefühlsweise um so ferner liegen muß, daß das in den einzelnen Individuen verborgen Liegende und ihnen ganz allein Angehörende der Gegenstand einer

theils das so innig Verbundene trennenden und sondernden, theils
das scheinbar einander am fernsten Liegende unter einem allgemeinen Gesichtspunkte zusammenfassenden, mit Einem Wort Gegenstand einer historischen und philosophischen Betrachtung werde.
Wie soll die Liebe eine Geschichte haben, wie soll man eine charakteristische Verschiedenheit ihrer Erscheinungen in den einzelnen
Zeiträumen nachweisen und darstellen können, da sie ja vielmehr
die Alles vereinigende ist, in welcher die auseinanderliegendsten
Zeiten, die entgegengesetztesten Charaktere und Bildungsstufen
sich begegnen? Es ist ja eine allgemein bekannte Sache, daß in ihrer
Sprache die fremdesten Völker sich miteinander verständigen können, weil sie keiner Worte bedarf, sondern mit unsichtbaren und
unerklärlichen, mit den zartesten und zugleich unwiderstehlichsten
Banden jeden ergreift, den Stumpfsten hinreißt, den Stärksten fes-
selt. Muß nun nicht bei einer zergliedernden Untersuchung dieses
zarte Leben unter den Händen verhauchen und beweist der, welcher es unternimmt, die Heimlichkeiten der Liebe mit unerbittlicher
Hand zu enthüllen, ihre Unaussprechlichkeiten mit kalten Augen
zu mustern, statt sie in begeisterten Hymnen zu feiern, nicht eben
dadurch auf's deutlichste, daß ihm die rechte Weihe für die Liebe
abgeht? – *Lascia l'amore, Zanetto, e studia la mathematica.*

Dieser Vorwurf wäre das Schlimmste, was einem Adepten der
Liebe begegnen kann, und nichts hat er eiliger zu thun, als sich vor
dem Schicksal eines Aktäon zu wahren. Wer über die Liebe schreiben will, der weiß, daß man von ihren Heimlichkeiten den Schleier
der Grazien nicht wegziehen kann, ohne ihren ganzen Reiz zu zerstören, daß man von ihren süßen Geheimnissen nicht in der nüch-
ternen Sprache des alltäglichen Lebens reden darf, er weiß aber
auch, daß ihr unerschöpflicher Reiz und ihre unendliche Vielseitig-
keit eben darin besteht, daß sie unter allen Thätigkeiten des natürlichen Lebens diejenige ist, bei welcher das Sinnliche und Geistige
mit den zahlreichsten und feinsten Fäden in einander laufen, welche – wie oben gezeigt worden – in ihre flüchtigen Erregungen den
ganzen Reichthum vielseitiger Bildung aufzunehmen vermag. Die
tausendfachen Modalitäten und Nüancirungen der Liebe sind also
immer durch einen bestimmten Bildungszustand bedingt und demzufolge mußte die Liebe von Anfang an mit der fortschreitenden
Bildung auch sich weiter ausbilden und entwickeln. Die unmittel-

barste, fast instinktartige Regung des leidenschaftlichen Gefühls ist allerdings auch Liebe, und sie trifft in manchen Punkten nicht nur an Stärke, sondern vielleicht auch an Reinheit und Erhabenheit mit dem feinsten Sentiment zusammen; aber der Liebe fähig im höchsten Sinn wird das gebildete Weib doch nur den Mann finden können, in welchem die ganze Bildung, insbesondere die poetisch-ästhetische, den lebendigsten persönlichen Ausdruck findet, dessen Berührung auch in ihr alle verschlossenen Schätze wie mit einem Zauberschlag zu Tag fördert und in Fluß bringt. Die Liebe ist eine Kunst nicht in dem Sinn, wie es Ovid meinte, als eine Fertigkeit und Gewandtheit stutzerischer Verführung, sondern als die Blüthe aller Kunst und Bildung, in welcher sich diese, von allen äußeren Zwecken absehend, allein mit beseligender Selbstgenügsamkeit entfaltet. Ist so die höchste Liebe eins mit der vollendetsten persönlichen Bildung, so muß jene wie diese eine geschichtliche Entwicklung haben; ja, die Schwierigkeit wird gerade darin liegen, die Geschichte der Liebe aus dem Zusammenhang der allgemeinen Kulturgeschichte, mit der sie so eng verwoben ist, herauszulösen und sie als etwas Besonderes darzustellen.

Eine Geschichte der Liebe ist also nicht nur möglich, sondern ohne Zweifel auch zeitgemäß, und es kann sich nur noch um die Art und Weise handeln, in welcher der Geschichtschreiber seine Aufgabe am besten zu lösen im Stande ist. Nach dem Bisherigen ist die Liebe als der höchste Reflex der allgemeinen Bildung anzusehen; der poetische Sinn und nicht minder das religiöse und sociale Leben treiben in ihr die feinsten Blüthen zu Tag; deßwegen muß ihre Geschichte auch den ganzen Umfang dieser allgemeinen Bildung zur Grundlage haben. Aus diesem breiten Hintergrunde aber treten einzelne leuchtende Gestalten hervor, welche entweder durch ihre poetischen Hervorbringungen oder durch ihre Erlebnisse und ihre ganze Persönlichkeit Hauptträger, Heroen der Liebe geworden sind. Die erotische Literatur nach ihren originellsten, das Selbstbewußtsein auf wahrhaft eigentümliche und weithin bestimmende Weise ausdrückenden Erzeugnissen ist also der Hauptgegenstand der Darstellung. Indem sich auf diese Weise die Geschichte der Liebe ihren eigenthümlichen Kreis vindicirt, wird durch sie zugleich der allgemeinste historische Zweck erreicht, das nämlich, was Inhalt der ganzen Geschichte ist, an einem einzelnen Zweig, an einem concreten Gegenstand auf's deutlichste zur Anschauung zu bringen.

Das letzte und allgemeinste Ziel der ganzen bisherigen Entwicklung ist die Ineinsbildung des Antiken und Christlichen, des frei-natürlichen, schön-sinnlichen Daseins und der innerlich-geistigen Gefühlswelt. Wo aber treten die beiden großen Pole, auf deren Entgegenwirken und Zusammentreffen der ganze geistige Lebensproceß beruht, wo treten Sinnlichkeit und Geist in anschaulicherer Gesondertheit hervor, wo wäre ihre Versöhnung in gleich unmittelbarer und lebendiger Weise möglich, als in der Liebe? Die Geschichte der Liebe soll also für Alle eine *camera obscura* sein, in welcher sich ihnen die allgemeine Geschichte im engeren Rahmen nur um so deutlicher und anschaulicher zusammenfaßt; für die Frauen aber, welchen die Liebe der Spiegel ist, in welchem allein sich ihnen jede Gestalt klarer zu erkennen gibt, der Schlüssel, welcher ihnen jede Verborgenheit aufthut, wird eine Schilderung derselben nach ihren allgemeinen Elementen und deren geschichtlichem Hervortreten der einzige Weg sein, auf dem sie zu einer wirklichen Einsicht in die Entwicklungsformen des Geistes, welche in letzter Beziehung doch das allein Interessante an allem Erscheinenden sind, gelangen können. Daher weiß ich einerseits die Frauen und anderseits mich und mein Buch nicht höher zu ehren, als indem ich für dieses den Anspruch erhebe, der erste Versuch einer Philosophie der Geschichte für Damen zu sein.

Jede Geschichte kann ihren Anfang nur bei den Völkern nehmen, welche im Zusammenhang der allgemeinen Cultur stehen; nicht als ob nicht auch bei denjenigen, welche es nie zu eigenthümlicher Bedeutung gebracht, gleichwohl manches feinere Gefühl, manche höhere Fertigkeit sich fände, sondern eben weil bei ihnen kein Zusammenhang, keine Entwicklung, keine Geschichte ist. So können wir auch hier nicht auf die ersten Regungen des instinktartigen Gefühls, auf den Urzustand uns einlassen, in welchem nach Rousseau's Phantasien die Wilden wie die Hirsche um ein weibliches Individuum kämpften. Das aber muß über die dem Naturzustand am nächsten gebliebenen Völker gesagt werden, und es wird diese eine Bemerkung nicht nur für die Geschichte der Liebe, sondern für die Beurtheilung der menschlichen Bildung überhaupt von höchster Wichtigkeit sein, daß selbst bei diesen Völkern, soweit wir Proben von ihrer Poesie haben, der instinktive Zug der Geschlechter zu einander sich überall mit innerer Notwendigkeit über seine Unmittelbarkeit erhob und feineren idyllischen oder elegischen Gefühlen Platz machte. Daraus geht nämlich nicht nur die unendliche Perfektibilität der Liebe hervor, ihre bei allem Fortschritt doch ewige Identität mit sich selbst, sondern ebenso auf der andern Seite ihr Zusammenhang mit der Cultur, daß sie immer der Punkt ist, von dem die Anfänge aller Bildung ausgehen, daß also die innigste Wechselwirkung beider besteht, und alle Bildung ebenso von der Liebe ihr Leben empfängt, wie diese hinwiederum mit der ersteren ihr Dasein immer weiter ausbreitet, immer reicheren und selbständigeren Lebensinhalt gewinnt. Man wird staunen, wenn man in den Poesieen dieser fast ganz sich selbst überlassenen und kaum der dürftigsten Bildungsmittel theilhaftigen Völker alle Elemente der reichsten, überschwenglichsten Lyrik, die Tiefe des Gedankens, wie den Schmelz des Sentimentalen und Romantischen findet. Nehmen wir das nächste beste aus Herder's »Stimmen der Völker«, das lappländische, »die Fahrt zur Geliebten«:

> Sonne, wirf den hellsten Strahl auf den Orra-See!
> Ich möchte steigen auf jeden Fichtengipfel,
> Wüßt' ich nur, ich sähe den Orra-See.
> Ich stieg auf ihn, und blickte nach meiner Lieben,
> Wo unter Blumen sie itzo sei.

Ich schnitt ihm ab die Zweige, die jungen frischen
Zweige,
Alle Aestchen schnitt ich ihm ab, die grünen Aestchen.
–

Hätt' ich Flügel, zu Dir zu fliehen, Krähenflügel,
Dem Laufe der Wolken folgt' ich, ziehend zum Orra-
See.

Aber mir fehlen die Flügel, Entenflügel,
Füße, rudernde Füße der Gänse, die mich hin trügen zu
Dir.

Lange genug hast Du gewartet, so viel Tage,
Deine schönsten Tage,
Mit Deinen lieblichen Augen, mit Deinem freundlichen
Herzen.

Und wolltest Du mir auch weit entflieh'n,
Ich hol'te Dich schnell ein.
Was ist stärker und fester als Eisenketten, als gewun-
dene Flechten?
So flicht die Liebe uns unseren Sinn um
Und ändert Will' und Gedanken.

Knabenwille ist Windeswille,
Jünglings-Gedanken lange Gedanken.

Wollt' ich alle sie hören, alle –
Ich irrte ab vom Wege, dem rechten Wege.

Einen Schluß hab' ich, dem will ich folgen,
So weiß ich, ich finde den rechten Weg.

Wem legen sich bei dem ersten Theil dieses lappländischen Lie-
besliedes nicht die Anklänge an unsere bekanntesten Volkslieder
in's Ohr, wen erinnert die zweite Hälfte nicht an die älteren, ernsten
und schwermüthigen Weisen? Nur noch eines mag hier eine Stelle
finden, aus dem Süden wie das erste aus dem hohen Norden, das

Lied des Peruaners an sein Mädchen.

Schlummre, schlummr', o Mädchen,
Sanft in meine Lieder;
Mitternachts, o Mädchen,
Weck' ich Dich schon wieder.

Die Übersetzung mag hier freilich Vieles thun; so wie es uns hier dargeboten wird aber verdient das kurze Lied den zartesten Klängen unserer ersten Lyriker an die Seite gesetzt zu werden.

So sehr nun aber diese einfachen Poesieen halbwilder Völker an wirklich poetischem Gehalt Vieles übertreffen, was wir von unendlich weiter fortgeschrittenen Nationen kennen, so fehlt ihnen doch gerade das, was allein das historische Interesse verleiht, die selbständige Bedeutung für das gesammte Bewußtsein, welche nur bei einer eigenthümlichen, wenn auch untergeordneten, socialen und religiösen Weltanschauung möglich ist.

Der Anfang aller Geschichte ist in Asien, wo zuerst eine allgemeine Religion und ein auf derselben beruhender gesellschaftlicher Zustand ganze große Völker umfaßte. Diese erste staatliche und religiöse Bildung aber hängt auf's Genaueste zusammen oder vielmehr sie ist eins und dasselbe mit der ersten eigentümlichen Gestaltung des geschlechtlichen Verhältnisses. Was nämlich das ganze Alterthum bis zum Erscheinen des Christentums und die asiatische Welt bis auf den heutigen Tag unterscheidet, ist die alleinige Ausbildung der natürlichen Seite des Lebens, so daß auch bei noch so weit fortgeschrittener äußerer Bildung doch stets das unendliche geistige Selbstbewußtsein, die wahrhaft freie Selbstbestimmung fehlt, daß der Geist sich noch nicht frei über die Natur erhoben hat, sondern unmittelbar in sie versenkt ist. Bei allen asiatischen Völkern finden wir nirgends eine geistige, sondern überall die Natur-Religion mit ihren mannigfaltigen Gebilden. Bei den ältesten geschichtlichen Nationen Vorderasiens aber, bei den Assyrern und Babyloniern, den Syrern und Phöniciern ist es gerade die Natur-Religion in ihrer reinsten Gestalt, welche in die natürlichen Elemente noch nicht auch zugleich eine sittliche Bedeutung hineinlegt, von der wir ihr ganzes Dasein durchdrungen sehen. Das Göttliche ist ihnen schlechthin die Naturkraft mit ihrer zeugenden Kraft und Fülle; diese verehren sie, unter den verschiedensten Namen und Gestalten immer eine und dieselbe. Die nothwendige Rückwirkung hievon auf das praktische Leben war, daß man auch auf menschlicher Seite die schrankenlose Entfaltung der Sinnlichkeit ebenso für das Höchste hielt, daß ein sich Zurückziehen von der Bethätigung derselben ebenso für etwas nicht sein Sollendes galt, wie von dem entgegengesetzten religiösen Standpunkt, dem der höchsten Erhabenheit und vollständigen Trennung des Göttlichen von der Natur, jede Berührung mit der Materie, jede sinnliche Aeußerung Befleckung und Sünde war. Bei dem ersten Schritt, den wir in die Geschichte thun, stoßen wir also sogleich auf diesen großen Gegensatz des Natürlichen und des jenseitig-Geistigen, welcher seinen theoretischen Ausdruck in der entgegengesetzten Auffassung des Verhältnisses zwischen Gott und der Welt findet, welcher praktisch nirgends deutlicher hervortritt als in der Gestaltung des geschlechtlichen Verhältnisses, in der unbefangenen Freiheit oder in der äußerlich gebotenen und gewaltsam angestrebten Unterdrückung der sinnlichen Triebe.

Der Ausgangspunkt für die geschichtliche Entwicklung des geschlechtlichen Verhältnisses war also nicht die Polygamie, welche eine weit spätere Stufe ist, sondern ein Cultus der Sinnlichkeit, welcher unbedingte Hingabe zu einer Art von religiöser Pflicht machte, welcher die religiöse Erregung nur in der wildesten, ausschweifendsten Lust fand. Die beste Kenntniß von diesem »Baalsdienst« gewinnen wir aus dem A. Testament. Die ganze Geschichte des israelitischen Volkes von der Besetzung Canaans bis auf die Zeiten des Exils, in welchem sich andere Einflüsse geltend zu machen anfingen, ist nichts als der fortwährende Kampf einer dem ganzen Zug des Welttheils widerstrebenden Verehrung eines jenseitigen Gottes mit dem unwiderstehlichen Reiz der Naturreligion und ihrem Sinnendienst. Das Gelüsten nach den sich mit rückhaltsloser Sinnlichkeit hingebenden cananitischen Weibern ist die Klippe, an der so viele Anstrengungen scheitern. Mit der blutigsten Strenge wird 4 Mos. 25, 5 ff. der Dienst des Baal-Peor ausgerottet; aber noch 2 Kön. 23,7 finden sich an den Tempel zu Jerusalem selbst angebaut die »Hütten der Töchter«, in welchen diese Bajaderen zur Ehre ihres Gottes ihre Reize ebenso feil boten wie in Sidon oder Tyrus, in Damaskus oder Babylon. Die Altäre des Baal wurden zwar endlich gestürzt, aber sein Dienst hat sich unter anderm Namen nichts desto weniger forterhalten. Die herrschende Religion in Vorderasien ist jetzt der Islam, von welchem jeder weniger unterrichtete Europäer wie von dem Baals-Cultus auch nichts Weiteres kennt, als daß in demselben die sinnlichen Freuden des Harems als die höchste, religiös geheiligte und auch über die Schranken des irdischen Daseins hinaus durch nichts zu übertreffende oder zu ersetzende Glückseligkeit gelten. Auf dieses Sinnlichkeits-Princip des Islam hatte unstreitig Mohammeds eigenes wollüstiges Temperament nicht geringen Einfluß, ebenso unläugbar aber ist, daß der kluge Prophet, der alle vorhandenen religiösen Elemente wohl kannte, dabei den ganzen Geist der asiatischen Völker, die er zunächst im Auge hatte, berücksichtigte. Wenn die indischen Odalisken und die Houris des Jenseits dem Muselmann nicht blos als Belohnung vorgehalten werden, sondern der geschlechtliche Umgang mit ihnen auch als die schönste Erfüllung seiner religiösen Pflichten gilt, so stimmt dieß ganz überein mit jener alterthümlichen Anschauung, die wir auch als die ernstliche Ansicht des A. Testaments treffen, daß Unfruchtbarkeit der größte Unsegen, daß seinem Bruder Samen erwecken die heiligste Pflicht der Blutsfreundschaft sei. Diese religiöse Verpflichtung des Islam aber lernen wir auf's anmuthigste kennen aus der naiven persischen Anekdote von der eifrigen Anhängerin des Koran, die ihren Mann an die religiöse Vorschrift erinnert, welche die Erfüllung der ehelichen Pflichten nach den drei Steigerungsgraden für den ersten Fall dem Opfer eines Hammels, für den zweiten dem eines Kameels, für den dritten sogar der Freilassung eines Sklaven gleichstellt. Der Hammel war bald geschlachtet, auch das Kameel ging durch das Nadelöhr, als aber die unermüdliche Frau vollends die Freilassung des Sklaven in Anregung brachte, antwortete der Mann: »Laß mich frei, ich bin dein Sklave.«

Wenn man nun aber diesen religiösen Principien zufolge, die Alles erlauben, ja, die das Unerlaubte gerade verlangen und gebieten, glauben sollte, daß irgend jemals die Prostitution die allgemein geltende Form des geschlechtlichen Lebens gewesen sei, so würde man sich sehr irren. Wie gegen den jeder Sinnlichkeit feindlichen Spiritualismus mit seinem Gebot der absoluten Enthaltsamkeit das Leben selbst sich auflehnt, so findet die entgegengesetzte Forderung der absoluten Hingabe an die Sinnlichkeit von selbst ihre notwendigen inneren und äußeren Schranken. Die Beschränktheit der äußeren Verhältnisse macht jene üppige Befriedigung der Sinnlichkeit der großen Masse immer zur Unmöglichkeit. Wo aber auch die äußeren Schranken nicht entgegenstehen, da ist es der innere geistige Trieb, der immer über eine geistlose abstumpfende Sinnlichkeit sich zu erheben strebt, und mir in der Verbindung des Sinnlichen mit der gegenüberstehenden Seite der Innerlichkeit und Phantasie den immer frischen Reiz der Schönheit und des Genusses findet.

Das erste Beispiel eines höheren würdigen Verhältnisses finden wir wieder im A. Testament, bei den Erzvätern, welche deswegen – was bei näherer Betrachtung freilich sehr sonderbar erscheinen muß – mit ihren frommen Frauen selbst in unserer Zeit als Muster ehelichen Lebens aufgestellt zu werden pflegen. Am interessantesten ist hier die Geschichte Jakobs, dessen Werbung um die geliebte Rahel mit den dabei übernommenen schweren Bedingungen und den angewandten glücklichen Listen die erste Liebesintrigue genannt werden kann. Das langjährige leidenschaftliche Schmachten nach der Angebeteten ist nun aber durchaus kein Hinderniß für den dauernden Besitz von deren Schwester, für die vorübergehende

Berührung mit den untergeordneten Sklavinnen. Ja die Frau, die doch in einer Art von sentimentalem Verhältniß zu dem Manne steht, welchen der Herzenszug zu ihr führte, bringt ihm selbst ihre Dienerin, damit diese auf ihren Schoos gebäre, und dadurch ihr Ansehen im Hause neu befestigt werde. Wir sehen: es liegt hier ganz die ursprüngliche natürliche Ansicht von dem geschlechtlichen Verhältniß zu Grunde, wie wir sie ganz ebenso auch in den ältesten Zeiten der Griechen finden. Die ungehinderte Sinnlichkeit ist noch das sich von selbst verstehende, die Anfänge der Gesittung, der strengere Charakter des thätigen Nomadenlebens aber haben bereits die Notwendigkeit einer gewissen Ordnung und Regelung nahe gelegt. Es ist eine, es sind ausnahmsweise auch mehrere Frauen des Hauses da, welche herrschen und von dem ganzen Stamm geehrt sein wollen; läßt ihnen der Mann dieses ihrer Geburt und Stellung gebührende Recht widerfahren, so fühlen sie sich dagegen keineswegs gekränkt, wenn er mit seiner sinnlichen Begierde sich untergeordneten Weibern zuwendet, sie finden dieß nach Umständen sogar wünschenswerth und nothwendig.

Finden wir bei den strengen Ebräern die älteste Schilderung eines durch das Gebot der äußeren Ordnung und Zweckmäßigkeit sich unwillkürlich zu höherer sittlicher Würde erhebenden Verhältnisses, so liefern uns die weichen, phantasievollen Juden die erste eigentlich dichterisch behandelte, romantische Liebesgeschichte in dem vielfach übersetzten und allgemein bekannten Epos: »Nal und Damajanti.« Die ganze Anlage dieses Gedichtes und die einzelnen Ausführungen sind so, daß dasselbe mit Recht als der erste Liebes-Roman angesehen werden kann. Ein Königssohn und eine Prinzessin wachsen, eins dem andern unbekannt, für einander heran:

> Der fromme Nal, der Held,
> Der Edle, Veda-kund'ge,
> Der große Führer im Feld;
>
> Ein sichrer Schutz, ein Herrscher
> Wie Mann selber traun!
> Der eignen Sinne Meister,
> Ein Liebling schöner Frau'n.

Die holde Damajanti aber:

> – unter hundert Schönen
> Erglänzt sie im Saal,
> Wie in der dunkeln Wolke
> Der lichte Wetterstrahl.

> Ein herzentzückend Mädchen
> Für Götter selbst zu schön.

Schwäne sind ihrer Liebe Boten und erzählen beiden von einander; sie sprechen zu Damajanti:

> Du bist der Frauen Perle,
> Doch Nal der Männer Licht.
> Wie herrlich, wenn die Schönste
> Dem Schönsten würd' vereint!

Ein festlicher Tag, an dem Damajanti sich den Gatten wählen soll, versammelt Götter und Menschen an ihres Vaters Hof; sie reicht die Palme dem Nal, der ihr nun folgende Versicherung seiner Liebe und Treue gibt:

> So lang ein Athemzug nur,
> Du Süße, sich regt in mir,
> Werd' ich Dich nicht verlassen;
> Die Wahrheit sag' ich Dir!

Auch über das Verhältniß des Gatten und der Gattin kommen die schönsten Stellen vor, die sich dem Inhalt nach von ähnlichen in christlichen Erzeugnissen nicht unterscheiden, deren zarter Ausdruck aber die ältesten und besten unserer Romane bei weitem übertrifft. Durch feindselige Götter wird Nal berückt und verläßt in unseliger Verblendung die treue Gattin, welche nun aber weder durch Ströme und Berge, noch durch die Schrecken der Wildniß sich abhalten läßt, dem geliebten Mann zu folgen, bis ihre Treue Alles überwunden und versöhnt hat. Unwillkürlich wird man an die phantastischen Ritterromane des Mittelalters ebenso wie an die einfacheren Volksgeschichten, einer Genovefa u. a. erinnert. Bedenkt man, daß die Heimath dieser Dichtung Indien ist, das Vaterland der Bajaderen, über die man aus jedem Conversations-Lexicon lernen kann, daß es Ehrensache eines vornehmen Bewirthers ist, dieselben für seine Gäste kommen zu lassen und die Mädchen selbst für ihre Hingabe zu belohnen, so wird man gestehen müssen, daß auch die unbeschränkte und unbefangenste Sinnlichkeit von selbst zu den feinsten Empfindungen leitet, daß beide recht wohl auch neben einander bestehen können.

Noch fehlt aber eine genauere Schilderung des Haremslebens, denn allerdings geht die indische Erzählung von ganz anderen Verhältnissen aus, als der in Vorderasien von der ältesten bis auf die neueste Zeit herrschenden Sitte. Es ist nun merkwürdig, wie hierüber die Nachrichten aller Zeiten übereinstimmen, so daß man sich überzeugen muß, daß die von uns meistens als bloße Aeußerung der brutalsten Sinnlichkeit verabscheute Lebensweise der Mohammedaner in Wahrheit nichts Anderes ist, als das, was wir von den Patriarchen und jüdischen Königen als die natürliche ursprüngliche Sitte, als etwas ganz Unverfängliches aufnehmen. Der neueste Schriftsteller über die Türken, Charles White, versichert uns, daß die Haremsfrauen meist Sklavinnen sind, die dem Sultan von seiner Mutter, seinen Tanten, Schwestern oder Favoritinnen zum Geschenk gemacht werden, ganz so wie bei den Erzvätern. Die Haremsetikette aber wird mit der genauesten Pünktlichkeit und Strenge beobachtet und bildet so die stärkste Schranke für die Gelüste des Sultans. Dieß geht so weit, daß nach der Behauptung desselben Schriftstellers eine der Ursachen, die im Jahre 1648 den Tod des Sultans Ibrahim herbeiführten, die Verachtung dieser Haremsgesetze war und die Art, wie er seine Gewalt über seine Sklavinnen mißbrauchte. Daß ein in das Harem gebrachtes Mädchen deßwegen nicht sogleich und ohne Weiteres der Lust des Gebieters preisgegeben war, erfahren wir auf ebenso merkwürdige als schöne Weise aus dem hohen Liede Salomo's, einer Dichtung, mit welcher wegen der ganz übereinstimmenden Sitte unzählige Liebeslieder der Orientalen die auffallendste Aehnlichkeit haben. In dem »hohen Lied« wird die Geschichte einer Winzerin aus Ephraim erzählt, welche, von Salomo's Streifschaaren gefangen, in das Harem nach Jerusalem gebracht wird. Statt als Gebieter nahet sich ihr nun aber Salomo als demüthiger, schmachtender Werber; er sucht ihre weibliche Eitelkeit rege zu machen, indem er – wie die Liebhaber aller Zeiten – auf's Leidenschaftlichste ihre Schönheit preist; ganz als königlicher Liebhaber aber tritt er auf, wenn er zu dem armen schmucklosen Mädchen mit vornehmer, herablassender Freigebigkeit sagt:

Goldene Kettchen schaffen wir Dir.

Ebenso fühlen wir uns ganz in das Harem, wie es zu allen Zeiten war, versetzt, wenn die Haremsfrauen durch ihre Lobpreisungen des königlichen Herrn die Lüsternheit der unerfahrenen Jungfrau zu erwecken suchen:

Erste Haremsfrau.
Ach würd' ein Kuß mir von seines Mundes Küssen!

Zweite Haremsfrau.
Mich führt' er schon einmal in seine Gemächer.

Als sich die Winzerin trotz aller dieser üppigen Lockungen nur nach ihrem Geliebten, dem Hirten, sehnt und nach seiner zärtlichen Umarmung unter dem blühenden Apfelbaum, wird sie von den, das vornehme Haremsleben als den Gipfel aller menschlichen Glückseligkeit betrachtenden Weibern verhöhnt; die Königin Mutter aber, welche auch hier als die Herrin des Harems auftritt, nimmt sich der Unschuld und Liebe an; die treue Sulamerin wird ihrem Hirten wiedergegeben, der stolze Salomo aber mit aller seiner ägyptischen Rossespracht ist der Verspottete, in seiner zuversichtlichen Liebesbrunst Getäuschte.

Das hohe Lied ist, wie gesagt, das Vorbild für eine Menge orientalischer Liebesdichtungen. Die Darstellungen leidenschaftlicher, romantischer Liebe bewegen sich naturgemäß meist in den höheren Sphären der Gesellschaft, hier aber ist im Orient die Situation fast immer dieselbe. Die geistreiche Lady Montague sendet dem berühmten Pope ein Liebesgedicht, welches der Vezier Ibrahim Pascha an die ihm vermählte Tochter des Sultans Achmet richtet. Diese Prinzessin ist bereits in sein Harem eingeführt, dennoch aber darf er sie nicht ohne Zeugen sehen und klagt nun, wie ein sehnsüchtiger Bräutigam, daß die Stunde des Besitzes so lange auf sich warten lasse, daß ihm nicht einmal ein Kuß von ihren Lippen zu Theil werde, daß sie mit den scheuen Augen des Hirsches sich von ihm abwende. Nicht einmal die Vermählung also gab hier ein Recht auf den Besitz, welcher vielmehr nur eine Gewährung freiester Liebe sein sollte. Wie ganz verschieden ist dieß von den gewöhnlichen Vorstellungen über orientalisches Leben, und wie sehr hat die vorurtheilsfreie Lady Recht, wenn sie hierin eine wunderbare Aehnlichkeit mit dem ihr nach seiner Veranlassung und näheren Zusammenhang nicht einmal genauer bekannten hohen Liede Salomo's findet.

Die höchste Blüthe orientalischer Cultur fällt bekanntlich in die Jahrhunderte vor den Kreuzzügen. Nicht nur die rühmlichsten Werke der Wissenschaft gingen von den Arabern aus, die damit dem dunklen Abendland auf nicht genug anzuerkennende Weise voranleuchteten, sondern auch an den Erzeugnissen der Phantasie war das Morgenland damals außerordentlich reich. Die spitzfindige Leidenschaft der Perser, die reiche Phantastik der Inder hatte sich mit der energischen Gluth der Araber verbunden. Die Sänger der Liebe zogen an den Höfen umher und suchten einander ebenso die Palme des Liedes abzuringen, wie später ihre abendländischen Nachfolger, die Troubadours und Minnesänger. Was die dichterischen Erzählungen von liebesiechen Prinzen melden, ist historische Wahrheit in Beziehung auf den Chalifen Jezid in Damaskus, dessen Hof durch die daselbst gesungenen zierlichen Liebeslieder bei allen Muselmännern Jahrhunderte lang berühmt war, und der aus Gram über den Verlust seiner schönen Sklavin Hahaba starb im Jahr 724 v.Chr. Daß nun auch in dieser Hinsicht das Morgenland den größten Einfluß auf das Abendland ausübte, ist unläugbar; wie wir Alles aus dem Orient haben, so auch die Liebe. Um nur an Eines zu erinnern: Die Templer gingen in dem Palast des Sultans von Aegypten ein und aus, als ob sie da zu Hause wären; sie lernten ganz die orientalische Lebensweise kennen und eigneten sich dieselbe auch vielfach an, wozu ihr Gelübde der Ehelosigkeit nicht wenig beitrug. Auf diese saracenische Sinnlichkeit bezogen sich hauptsächlich die dunkeln Gerüchte, die über sie in Europa umgingen und ihnen den Untergang zuzogen. Ueberhaupt leitete man im Mittelalter alles sinnliche Raffinement von den »Heiden«, den Saracenen ab, was am besten aus Tasso zu ersehen ist, welcher die heidnischen Sirenen eine vollständige Theorie der sinnlichen Lust vortragen läßt, um den christlichen Helden zu berücken. Diese Lockungen der Sinnlichkeit galten freilich für heidnisch und verwerflich, sie senkten sich aber deßwegen nicht weniger tief ein. Diese sinnliche Anregung aber war nöthig, um den Abendländern auch einen höheren sentimentalen Schwung beizubringen, welcher nur da mit besonderer Stärke hervortreten kann, wo er die sinnliche Basis gewonnen hat. Die älteste mittelalterliche Liebesdichtung hatte daher ihren Sitz in Spanien, wo Christen und Saracenen sich am nächsten berührten. Namentlich Wechselheirathen waren hier etwas Gewöhnliches und in diese gemischten Ehen brachte nun der saracenische Theil jene dem Abendländer noch fehlende Schwärmerei der Sinne mit, während dieser die Tiefe und Innigkeit des christlichen Gemüths zur Mitgift hatte. Hieraus entsprangen jene reizenden Romanzen, welche in ihrem äußeren Kostüm halb christlich und halb mohrisch sind und ebenso die beiderseitige innere Anschauungsweise in sich vereinigen.

Schon hier also haben wir den Uebergang von dem natürlichen, unbefangen sinnlichen Standpunkt zu dem geistigen, der uns von einer andern Seite später in noch bedeutenderer Weise entgegen treten wird. Ehe wir aber zu dem Gegensatz des Griechisch-Klassischen und des Christlichen übergehen, den wir hierbei im Auge haben, ist noch ein Wort über die weiteren Zustände des Orients zu sagen. Was nämlich von poetischem Schwung und feinerem Sentiment der mohammedanischen Bevölkerung gesagt worden, wird man geneigt sein, auf jene Blüthezeiten des Islam einzuschränken, in welchen derselbe der christlichen Welt geistig unläugbar in jeder Beziehung weit überlegen war. Für jene Zeit gibt man Alles gern zu, von den Muselmännern unserer Tage dagegen hört man allgemein die Ansicht, daß jede physische und geistige Kraft von ihnen gewichen sei; die alten Saracenen ist man gewohnt in dem romantischen Licht von Tausend und Eine Nacht zu betrachten, über die Türken aber hat man von den neueren Reisebeschreibungen lange Zeit nichts gehört, als daß die Männer durch die Freuden des Harems entnervt seien, und daß die Frauen in diesem lebenslänglichen Gefängniß das elendeste Leben, geisttötender Langeweile führen. Hiegegen ist auf die bereits erwähnte Lady Montague zu verweisen, welche schon an sich, wegen ihrer Person und ihrer Schicksale, eine Stelle in der Geschichte der Liebe verdient, deren Briefe aus der Türkei von den Jahren 1717 und 18 aber namentlich in unseren Tagen auch von besonderem geschichtlichem Interesse sind. Diese Dame, die mit den Sitten der Türken und dem Harem insbesondere vertrauter geworden ist, als irgend eine andere Europäerin, kann sich in ihren köstlichen Briefen nicht genug lustig machen über die sonderbaren Vorstellungen, die man sich hievon in Europa mache. Auch sie erzählt, daß kein Mann auf die Sklavinnen seiner Frau nur ein Auge werfen dürfe ohne die Erlaubniß der letztern. Wer eine Geliebte haben wolle, der unterhalte sie in einem besondern Hause und besuche sie insgeheim, ganz ebenso wie bei uns. Unter allen Großen am türkischen Hof kenne sie nur den einen Finanzminister, der eine Anzahl von Sklavinnen für seine Lust halte, und dieser Mann gelte allgemein für einen Wüstling, den seine eigene Frau nicht mehr sehen wolle. Diese bemitleideten türkischen Frauen aber genießen nach ihrer Ansicht mehr Freiheit, als bei uns. Unter ihrem Schleier können sie überall incognito hingehen, ohne daß ein Mann wagen dürfe, ihnen zu folgen. Wollen sie eine Liebschaft anfangen, so bieten ihnen die Läden der jüdischen Kaufleute und Juweliere die beste Gelegenheit und sie seien um so sicherer, da wegen des unerläßlichen Schleiers Niemand, meistens nicht einmal der Begünstigte, sie kenne. Prächtig und ganz an die Zeiten der nackten griechischen Schönheit erinnernd, ist ihre Schilderung des türkischen Bades in Adrianopel. Zweihundert der schönsten Frauen sitzen ohne irgend eine andere Hülle für ihre Reize als die lang hinunterwallenden Haare, die sie von ihren Sklavinnen flechten lassen, auf Polstern im Kreis umher, Kaffee trinkend und sich unterhaltend. Nirgends aber ein Lächeln, ein neugieriger, unbescheidener Blick, wie bei eben so viel Europäerinnen in ähnlicher Lage unvermeidlich wäre. Von der gesellschaftlichen Bildung dieser Frauen wird jede Leserin einen vortheilhaften Begriff bekommen, wenn sie von der schönen Fatime hört, einer Freundin der Lady, welche diese nicht satt werden kann, wegen ihrer unvergleichlichen Schönheit ebenso wie wegen ihres Geistes zu preisen. Als die artige Europäerin das Compliment machte, daß, wenn alle Türkinnen der reizenden Fatime glichen, es für die Ruhe der Männer unumgänglich nothwendig wäre, sie jedem Anblick zu entziehen, gab diese nicht minder gewandt zurück: »wenn die Schönheit in Ihrem Lande so selten wäre, als Sie glauben machen wollen, so hätte man Sie gewiß nicht fortgelassen.«

Alles, was wir hier hören, bestärkt uns also in der Ansicht, daß die Bildungsstufe der Türkinnen keineswegs eine so niedrige ist, wie man meistens anzunehmen pflegt, und daß demzufolge auch das geschlechtliche Verhältniß bei ihnen keineswegs ein roh-sinnliches sein kann. Dieß spricht aber für die allgemeine Behauptung, daß die freie Sinnlichkeit in sich selbst ihre Correktur trägt, und ungestört sich überlassen, notwendig zu höherer geistiger Feinheit führt, wovon die Geschichte kein leuchtenderes Beispiel kennt, als das der schönen hellenischen Menschheit.

Mag die Sinnlichkeit bei den Orientalen auch noch so verfeinert und dadurch über ihren ursprünglichen Standpunkt hinausgetrieben sein, immer liegt doch jenes unmittelbare Verhältniß von Geist und Sinnlichkeit zu Grunde, wo der Geist sich seiner Geschiedenheit und Freiheit noch nicht bewußt ist; wo er sich nicht über die Materie erhebt, um sich dann wieder auf sie einzulassen, und so innerhalb des Natürlichen selbst seine rechte volle Freiheit zu behaupten. Nirgends ist noch jene geistige Spannung und Entzweiung, welche Allem erst das höchste Interesse verleiht, überall der ruhige, ungehemmte, natürliche Fluß. Dieß ist selbst in Griechenland der Fall, welches bei aller Höhe der Bildung doch von dem allgemeinen Charakter der alten Welt nicht ausgenommen war. Eben darum bildeten die Griechen das sinnlich Ideale zu seiner höchsten Vollkommenheit aus, weil ihnen das transscendente Ideale, das Sentimentale und Romantische etwas durchaus Fremdes war, weil ihnen das Leben überall viel zu sehr in seiner heitern Gestalt entgegen trat, als daß sie hätten daran denken können, es erst durch einen hinein gelegten geistigen Reiz zu verschönern. Indem aber von ihnen das Natürliche, die schöne Sinnlichkeit auf ihre höchste Höhe gehoben und zu classischer Reinheit vollendet wurde, mußte sie dadurch nothwendig selbst vergeistigt werden. Darin liegt gerade der Reiz der griechischen Welt, daß in ihr die Elemente des wahrhaft freien geistigen Bewußtseins aus dem Schoos der Sinnlichkeit unwillkürlich, mit innerer Nothwendigkeit hervorbrechen. Deßwegen ist sie auch in sich selbst zusammengebrochen und hat ihr reiches Leben in ein neues Gefäß übergeströmt, während die orientalische Sinnlichkeit ruhig und unverändert fortbesteht wie in den ältesten Zeiten. Diesen Übergang, diese Mittelstufe an dem griechischen Leben und an der innerhalb desselben herrschenden Form des geschlechtlichen Verhältnisses insbesondere zu veranschaulichen, ist nun die Aufgabe.

Griechenland bildet schon geographisch betrachtet den Übergang von Asien nach Europa, und die Gelehrten haben schon längst die drei verschiedenen Straßen ausfindig gemacht, auf denen ihnen die ältesten Elemente asiatischer Cultur zugeführt werden konnten. Diese Spuren orientalischen Wesens lassen sich denn auch gar leicht nachweisen, und nirgends deutlicher als in den geschlechtlichen Dingen. Dem Asiatischen aber stand ein so kräftiges europäisches

Element entgegen, daß das erstere nirgends zu einseitiger Ueber-
gewalt kommen konnte, sondern aus der gleichmäßigen Mischung
beider das originale Produkt des Hellenenthums hervorging. Die
beiden Hauptrichtungen des menschlichen Geistes, Verstand und
Wille, Freiheit und Energie erblickte schon Aristoteles bei seinem
Volk in glücklichster Mischung und leitete hievon die geistige
Ueberlegenheit, die ganz besondere Trefflichkeit desselben ab. Die
Feinheit, der gebildete Formensinn, die weiche Sinnlichkeit und
Erregbarkeit kam ihnen von Asien, die energische sittliche Tüchtig-
keit aber, das schöne Maßhalten, das den Geist nie an die bloße
Sinnlichkeit verloren und in ihr untergehen ließ, war ihr europäi-
sches Erbtheil.

Die Sinnlichkeit und die ganze Weltanschauung der asiatischen
Völker hing auf's Engste zusammen mit ihrem religiösen Systeme.
Weil sie in dem Göttlichen nichts Anderes erblickten, als die zeu-
gende und schaffende Naturkraft, ohne irgend eine weitere geistige
und sittliche Bedeutung, deßwegen war auch das menschliche Leben von Nichts erfüllt als von Aeußerungen der Sinnlichkeit und
was von höheren Lebensgestaltungen hinzukam, war nicht das
Werk einer objektiven sittlichen Macht, sondern die unwillkürliche
Frucht der mit den höheren geistigen Funktionen von Natur unzer-
trennlich verbundenen Thätigkeit des natürlichen Lebens. Ganz
diese asiatische Natur-Religion war aber auch das älteste Götterwe-
sen der Griechen, und wenn dasselbe auch später veredelt und in
einen Kreis sinnlich-geistiger, olympisch-erhabener Göttergestalten
umgeschaffen wurde, so scheint doch auch in diesen folgenden
Zeiten überall das Ursprüngliche, rein Natürliche, noch durch. Alte
Natur-Gottheiten, die allmälig eine veränderte Bedeutung erhielten,
waren Hermes, Demeter, Dionysos (Bacchus). Mehr dem Volks-
glauben und dem altpoetischen Vorstellungskreis gehörten an: Pan
und Priapus, diese äcg orientalische Personifikation der Zeugungs-
kraft, ferner die Satyren und Faunen. Interessant ist nun, auf welche
verschiedene Weise der Einfluß dieser alten unaustilgbaren Natur-
Götter sich im Leben geltend zu machen suchte. Die Faunen und
Satyrn spielten ihre Hauptrolle in den dem Volk an's Herz gewach-
senen mythischen Erzählungen, in den Volksgeschichten und Ro-
manen; sie standen in der zweideutigen Mitte zwischen ungläubi-
ger Verwerfung und sinnlichem, nur um so festerem Glauben, ähn-

lich den Gegenständen des Zauber- und Geister-Glaubens in unserer Zeit. Wenn nun aber diese Personifikationen sinnlicher Lüsternheit und gewaltsamer Begier die eigentliche Substanz der religiösen Vorstellung bildeten, so läßt sich denken, in welcher Richtung durch sie das Leben des Volks bestimmt wurde. Deutlicher und greifbarer sind die Spuren des alten Naturdienstes in den geheimen Culten des Dionysos und der Demeter. Obgleich mit dem Schleier des Geheimnisses bedeckt und den Profanen unzugänglich, waren sie doch ein Theil des eigentlichen Gottesdienstes, ja ohne Zweifel der wichtigste und einflußreichste, da wohl auch hier, wie überall, die Götter des Tages zwar in den Tempeln glänzten und der officiellen Verehrung genossen, die wirkliche Macht aber ihren verborgenen und verachteten Nebenbuhlern, den Geschöpfen des Aberglaubens überlassen mußten. Welcher Art die Culte des Dionysos sein mußten, läßt sich errathen aus den bekannten Schilderungen der Mänaden, der von wüthender Lust erfüllten Weiber, die jeden Mann, der in ihre Nähe kam, mit grausamer Gier zerrissen. Die Mysterien der Demeter waren geregelter und ernster, aber auch ihr Gegenstand war kein anderer, wie uns der Dichter mit so viel Anmuth und Schalkheit in den folgenden Distichen sagt:

Und was war das Geheimniß? als daß Demeter, die
Große,
Sich gefällig einmal auch einem Helden bequemt,
Als sie dem Jasion einst, dem mächtigen König der Kre-
ter,
Ihres unsterblichen Leibs holdes Verborgne gegönnt.
Da war Kreta beglückt! Das Hochzeitbette der Göttin
Schwoll von Aehren und reich drückte den Acker die
Saat.
Aber die übrige Welt verschmachtete! denn es ver-
säumte
Ueber der Liebe Genuß Ceres den schönen Beruf.
Voll Erstaunen vernahm der Eingeweihte das Mähr-
chen,
Winkte der Liebsten – Verstehst Du nun, Geliebte, den
Wink?
Jene buschige Myrte beschattet ein heiliges Plätzchen!
Unsre Zufriedenheit bringt keine Gefährde der Welt.

Wie mächtig mußte sich die Sinnlichkeit bei einem Volke entwickeln, das in seiner Religion selbst die stärkste und unmittelbarste Aufforderung hatte, den Trieben derselben zu huldigen! Daher auch die der asiatischen Prostitution ganz analoge Erscheinung der Hierodulen, der Venus-Priesterinnen in Samos oder Korinth, welche den fremden Besuchern ihres Tempels willfahrten und von dem Lohne ihrer Gewährungen diesen Tempel selbst aufgebaut hatten, wie die berühmte ägyptische Buhlerin eine der höchsten Pyramiden zusammenbrachte, indem sie von jedem ihrer Begünstigten einen Stein zu dem Bau herbeitragen ließ.

Dem dunkeln Grunde der Natur-Religion entstiegen, wie gesagt, nach und nach die höheren Götter, die Geschöpfe einer gebildeteren Einbildungskraft. Wenn aber diese auch nicht mehr blos die eine Zeugungsfülle der Natur repräsentirten, sondern in reicher Mannigfaltigkeit den verschiedenen Zweigen eines erfüllteren sittlichen Lebens vorstanden, so waren sie doch immer nicht aus dem Kreise des Natürlichen und Sinnlichen hinausgerückt; sie waren der treue Reflex eines Volkes, das sich ungestört von den unmittelbaren natürlichen Zuständen zu einem schönern, menschlich heiteren Dasein fortentwickelt hatte. Und wie die Götter ein Abbild des Volkes waren, so spiegelte sich dieses mit Lust an seinen Göttern. Zeus, der höchste und erhabenste, stellte in seiner Person dar, wie die von ihm beherrschten Menschen sein sollten. Er selbst aber war ein Mensch mit allen Leidenschaften und dem ganzen sinnlichen Wesen der Erdenbewohner, und nur dadurch unterschied er sich von den Sterblichen, daß er die unbeschränktere Fähigkeit hatte, das, was er menschlich wünschte und begehrte, mit göttlicher Allmacht zu erreichen. Diese Wünsche und Begierden sind nun zwar nie die einer machtlosen, sich selbst vernichtenden Sinnlichkeit, ungescheut aber geht er die schönen Verhältnisse der Sinnlichkeit ein. Diesem Vorbilde folgend verachtete auch der Grieche eine maßlose barbarische Sinnlichkeit, ohne Bedenken dagegen überließ er sich jeder sinnlichen Aeußerung, welche durch die Macht der Schönheit veredelt war. Überall im Leben galt das, was in den alten Sagen von dem Verkehr der Götter und Menschen in tausendfacher Wiederholung vorkam:

In der heroischen Zeit, da Götter und Göttinnen liebten,
Folgte Begierde dem Blick, folgte Genuß der Begier.

Dieses schöne sinnliche Leben der Griechen tritt uns in seiner ursprünglichen Frische entgegen bei Homer. Der Standpunkt, den er einnimmt, ist ganz der des A. Testaments in der Schilderung der patriarchalischen Zustände; nur daß bei ihm Alles mehr von dem Schimmer der Poesie übergossen ist. Das Verhältniß der beiden Geschlechter erscheint auch bei ihm als ein durchaus natürliches; die sinnliche Begierde wird nirgends verhüllt und selbst die Geheimnisse der natürlichen Liebe werden offen und unbefangen geschildert. Alle Schilderungen dieser Sinnlichkeit aber sind edel und schön, so daß das Natürliche überall in angeborner sittlicher Würde auftritt. Frauen und Jungfrauen sind stets keusch und züchtig; die letzteren kommen freilich seltener vor, weil sie nach der allgemeinen Sitte der Zeit meist zurückgezogen im Gynäceum, im Frauengemach leben; doch läßt sich kaum ein schöneres Bild naiver Jungfräulichkeit denken, als Nausikaa. Desto zahlreicher sind die edeln Frauen: Hekuba, Andromache, Penelope, welche mit aller Treue an dem Manne hängen, ohne ihm irgend sklavisch untergeordnet zu sein. Die eheliche Eintracht wird namentlich als die schönste und höchste Gabe der Götter gepriesen. Wie aber Jupiter neben der Juno den irdischen Weibern nachgeht, so ist auch der Mann keineswegs ausschließlich an seine Gattin geknüpft; der Umgang mit einem Kebsweibe ist weder eine Schande noch ein Unrecht, so lange das Vorrecht der ehelichen Gattin nicht gekränkt wird. Ganz offen wird die schöne Briseis dem Achilles in's Zelt gebracht als die kostbarste Beute, die mit Recht der göttergleichen jugendlichen Kraft und Tapferkeit zukomme, und ihr Verbleiben in seinem Besitz ist eine Angelegenheit, die das ganze Volk aufs Lebhafteste beschäftigt und aufregt.

Diese Verklärung des Natürlichen durch die ihm angeborne Schönheit und Würde ist es, wegen deren in Homer ewig die erste und vollkommenste Darstellung der einfach schönen Menschlichkeit bewundert wird. Auch die späteren Tragiker gehen ganz von diesem Prinzip der natürlichen Sinnlichkeit aus; da der Hauptgegenstand ihrer Darstellung aber immer ein ernstes tragisches Geschick ist, und nicht wie bei Homer das heitere Leben in seiner spiegelklaren Bewegung, so tritt dieses Sinnliche gegen das sittliche Element überall zurück, wodurch die Frauengestalten und ihre leidenschaftlichen Beziehungen, die Antigone des Sophokles oder die Iphigenia des Euripides, unserer Vorstellung weit näher gerückt werden.

Bei den Dichtern ist die Gesammtheit des griechischen Lebens in idealer Weise zusammengefaßt; sie geben eine Totalanschauung des Edelsten und Schönsten, bei welcher die störenden Eigenthümlichkeiten des Einzelnen in der Vollendung des Ganzen verschwinden. In der geschichtlichen Entwicklung aber tritt das bei ihnen so schön Vereinte weiter aus einander; nur Homer hat die sämmtlichen Stämme von Troja vereinigt, in der Wirklichkeit ging nicht nur jedes seinen eigenen Weg, sondern sie standen meistens sogar mit der größten Feindseligkeit einander gegenüber. Diese Stammesverschiedenheit aber machte sich in der Weise geltend, daß jeder Stamm seine eigene schöne Ausbildung hatte, dem einen aber gerade das abging, was bei dem andern im höchsten Maße war. Die Dorier repräsentirten mehr das streng sittliche Wesen, die Ionier vorherrschend die sinnlich-weiche, die allseitig erregbare Seite des griechischen Volkscharakters. Bei den Doriern hatte deßwegen das weibliche Geschlecht eine viel freiere, würdigere Stellung: die Mädchen wurden mit den Jünglingen erzogen und gingen mit ihnen ungehindert um; die Frauen waren zwar mehr auf ihr Hauswesen beschränkt, hier aber waren sie die Herrinnen und dieß so sehr, daß die gewiß mannhaften Spartaner in Athen wegen dieser Pantoffelherrschaft verlacht wurden. So waren bei den Doriern alle Bedingungen zu einer geistigen Gestaltung des geschlechtlichen Verhältnisses gegeben, und wirklich gehören auch die ausgezeichnetsten griechischen Frauen fast alle ihnen an. Auf der andern Seite aber fehlte ihnen gerade das, was für eine feinere Auffassung des Lebens unerläßlich ist, jene weiche Sinnlichkeit und ästhetische Bildsamkeit, welche den Ioniern eigen war. Das männliche Geschlecht wurde bei ihnen nur mit Rücksicht auf körperliche Tüchtigkeit erzogen und konnte daher natürlich auch dem weiblichen keine feinere geistige Bildung mittheilen. Nicht diese wurde an den spartanischen Jungfrauen gesucht, sondern eine der männlichen gleichkommende Rüstigkeit, welche sie in den Stand setzte, dem Staat kräftige Bürger zu gebären und im Nothfall zu seiner Vertheidigung selbst die Waffen zu ergreifen. Ein tüchtiges häusliches Leben konnte daher wohl gedeihen, von dem aber, was wir allein Liebe nennen, von jener individuellen gemüthlichen Betheiligung war da keine Rede, wo sich Alles nur auf den Staat, auf Krieg und Waffen bezog, wo jede freie individuelle Regung gewaltsam unterdrückt, das Spröde und Harte überall geflissentlich hervorgekehrt wurde.

Was den Doriern abging, fand sich bekanntlich bei den Ioniern in reicher Fülle: Kunst, Literatur, die vielseitigste geistige Ausbreitung. Die hohe Bildung der Männer nun mußte, sollte man denken, nothwendig auch eine höhere Wertschätzung der Frauen mit sich bringen. Wirklich kannten auch die Ionier eine feinere weibliche Bildung wohl und wußten sie zu schätzen; Beweis davon sind die Hetären, welche eine ehrenhafte öffentliche Stellung einnahmen. Dennoch aber konnte auch bei ihnen von einer allgemeinen Bildung des weiblichen Geschlechts keine Rede sein, so daß die geistigen und gesellschaftlichen Reize der Hetären nur für die um so weiter zurückgebliebene Bildung des übrigen Geschlechts entschädigen zu sollen schienen. Die Ehe war nämlich auch hier bloßes Staatsinstitut, eine Pflicht gegen die Ahnen zur Fortpflanzung ihres Geschlechts; aus diesem Grunde allein traf den Ehelosen Strafe und wurde der Familienvater geachtet. Zu diesem kam noch, daß die äußere Form des Lebens bei den Ioniern weit mehr orientalisch war, daß namentlich die Privatsklaverei bei ihnen in weit größerem Umfang sich fand. Deßwegen erhielt die Frau jene orientalisch zurückgezogene Stellung im Hause, bei der sie, von allem bildenden Umgang ausgeschlossen, als ganz untergeordnet, nur der Sinnlichkeit und den übrigen Forderungen des Mannes dienend angesehen wurde. Je größer aber auf diese Weise die Kluft zwischen der männlichen und weiblichen Bildung wurde, desto näher war damit auch der Gedanke an eine Emancipation der Frauen gelegt, welcher bei Platon und Aristophanes die beschränkte nationale Sitte und Vorstellung zu durchbrechen anfing.

So fein organisirt also auch die Griechen für alles Schöne und Sinnliche waren, so fand die Liebe doch nur als der bloße Genuß und Schönheits-Cultus eine Stelle in ihrem Leben, der höhere romantische und sentimentale Schwung aber ging ihnen ab. Die Sinnlichkeit war bei ihnen zu sehr eine ungehemmte, und alle ihre Sinne und Gedanken gingen zu sehr auf in den Beziehungen des natürlichen, insbesondere aber des öffentlich politischen Lebens, als daß sie aus der Enge eines bürgerlich-philisterhaften, von allen Seiten gedrückten Daseins, wie wir, in die einzig freie Sphäre des Romantischen sich zu flüchten nöthig gehabt hätten. Nur zwei Erscheinungen sind es, in denen bei den Griechen die höhere Liebe gleichsam aus der vollen Knospe der Sinnlichkeit hervorzubrechen versucht, wir meinen die schon erwähnten Hetären und die Knabenliebe. Merkwürdig, daß auch diese beiden Erscheinungen an die zwei Hauptstämme vertheilt waren; denn die Hetären kamen zwar überall in Griechenland, in Asien und Italien vor, ihr Hauptsitz aber war in Athen; ebenso breitete sich die Päderastie über alle griechischen Stämme aus und nahm zum Theil, besonders in Asien, einen ganz veränderten, gemein sinnlichen und unnatürlichen Charakter an; ihre eigentliche Heimath aber, wo sie sich in ihrer ursprünglichen Reinheit befand, war bei den Doriern.

Man würde sehr irren, wenn man die Hetären als bloße Buhlerinnen und Lustdirnen ansehen wollte. Als solche hätten sie in Griechenland gar keine besondere Rolle spielen können, da die Sinnlichkeit überall frei und offen auftreten konnte, und der geschlechtliche Umgang mit reizenden Mädchen sich von selbst verstand. Ihre Bedeutung läßt sich aus nichts deutlicher erkennen, als aus dem Umstand, daß die ausgezeichnetsten Individuen dieses Standes, eine Aspasia und Phryne, des Atheismus beschuldigt wurden und deßwegen vor dem öffentlichen Gericht standen. Von jener konnten nur des Perikles Thränen und seine hinreißende Beredtsamkeit das Schlimmste abwenden; diese wußte Hyperides durch nichts Anderes zu retten, als dadurch, daß er ihren göttlichen Busen entblößte, und die grauen Richter zur Ueberzeugung brachte, daß ein solches Meisterwerk der Götter nicht zum Unglauben an ihr Dasein verleiten könne. Erinnert man sich, daß auch ein Sokrates wegen derselben Anklage des Atheismus sich zu verantworten hatte, so wird man auf die Ansicht geführt, daß die Hetären über das Gewöhnliche hervorragende Weiber waren, die sich mit dem, wenn auch noch so unbestimmten Gedanken an eine sociale Umgestaltung, namentlich an eine Reform des geschlechtlichen Verhältnisses, der Stellung der Frauen in der Gesellschaft trugen. Sie entsprachen also so ziemlich denjenigen, die bei uns mit leidenschaftlichem Eifer für die Emancipation des Fleisches und was dazu gehört kämpfen. Bei uns sind es meistens Männer, die diese socialen Schranken zu durchbrechen suchen; in Griechenland, wo der männlichen Sinnlichkeit keine Fesseln angethan waren, mußten es vorherrschend Weiber sein, geniale Künstlerinnen, Schülerinnen und Lehrerinnen der Philosophen. So waren freilich nicht alle; viele waren nur wegen ihrer unvergleichlichen Schönheit allgemein gesucht; daß es aber solche Hetären gab und daß dieß gerade zu ihrem Wesen gehörte, ist unläugbar. Das berühmteste Beispiel hievon ist Aspasia, die Freundin und dann die Gattin des Perikles. Daß auch sie anfänglich vollkommen frei in sinnlicher Beziehung lebte, ist nicht zu bezweifeln; dieß hielt aber den Sokrates nicht ab, sich als ihren Schüler zu bekennen, noch den Perikles, bei ihr alle Geheimnisse des feinsten Geschmacks zu lernen. Bei aller Freiheit der Sinnlichkeit finden wir also hier eine außerordentliche geistige Werthschätzung des Weibes. Mehr nur von der sinnlichen Seite sind Phryne und Lais bekannt. Wie offen auch in dieser Hinsicht der Umgang mit ihnen war, geht daraus hervor, daß der Redner Demosthenes, um die Reize der letzteren zu genießen, nach Korinth reiste, aber unverrichteter Sache wieder umkehrte, weil ihm 1000 Thaler zu viel waren, was zu dem im ganzen Alterthum gangbar gewordenen Sprüchwort Veranlassung gab: »Nicht jeder kann nach Korinth reisen.« Ja sogar den Diogenes, den jeden Genuß verachtenden Philosophen in der Tonne, soll sie aus dieser heraus in ihre weichen Arme gelockt haben.

War in dem Genuß, den man bei den Hetären suchte, das Sinnliche immer noch eine Hauptsache, wo nicht vorherrschend und ausschließlich, so suchte man dagegen in der reinen Knabenliebe eine eigentlich geistige und sentimentale Befriedigung. Hier galt es bloß das Seelenvolle, das namentlich die großen Philosophen Sokrates und Platon vorzugsweise bei schönen Jünglingen zu finden glaubten. Da für den Griechen die Frauenliebe etwas so ganz Offenes, die Sinnlichkeit eine unverhüllte war, so mußte er das Bedürfniß des sentimentalen Gefühls durch ein anderes Verhältniß befriedigen. In der Knabenliebe hatte er nun die heimliche Vertraulichkeit, die leidenschaftliche Aneignung und Eifersucht, welche er in der Liebe des Weibes nicht kannte. Ausdrücke, die wir in den platonischen Dialogen finden, von dem seelenvollen Aufschlagen der Augen eines solchen geliebten Jünglings und ähnliche, entsprechen ganz dem, was eine höhere Liebe an dem geistig begabten Weibe hinreißend findet. Auch wo die Knabenliebe vollkommen rein und geistig war, konnte sie also nie ohne das Element der Schönheit sein, und es ist einleuchtend, wie nahe deßwegen auch für die Besten ihre Gefahren und Verirrungen lagen. Wo aber die Päderastie rein blieb, da trug sie auch ganz die Früchte, welche wir dem edelsten Lebensverhältniß zuschreiben; sie war eine Vereinigung auf Leben und Tod, der Bund eines gemeinsamen höheren Strebens, der Bund der edelsten Hingabe und Aufopferung.

Die Darstellung der griechischen Liebe ist mit der lyrischen Poesie zu schließen, wie sie mit der epischen begonnen hat. Dieß wird zugleich Veranlassung, eines dritten griechischen Hauptstamms noch besonders Erwähnung zu thun, des äolischen. Dieser war in staatlicher und gesellschaftlicher Ausbildung hinter den anderen weit zurückgeblieben; die ganze Form des äolischen Lebens war noch eine so zu sagen alterthümlich ritterliche, alle ihre Äußerungen deßwegen mehr subjektiv und leidenschaftlich, ohne in den Fluß eines wirklich harmonisch gegliederten öffentlichen Daseins eingehen zu können. Dadurch eigneten sich nun die Aeolier vorzugsweise zur Ausbildung einer innigeren subjektiven Lyrik. Nicht als ob es den Griechen überhaupt an einer erotischen Literatur gefehlt hätte; Schönheit und Liebe spielten bei einem so fein organisirten Volke eine viel zu bedeutende Rolle, als daß sie nicht auch einen poetischen Ausdruck hätten finden sollen. Aber alle ihre Liebeslieder stießen in anakreontischer Heiterkeit dahin, entweder eine Begierde ausdrückend, welcher noch keine spiritualistische Moral hemmend in den Weg trat, oder den frohen Genuß feiernd. Von dieser griechischen Ruhe und Heiterkeit ist die Aeolierin Sappho die einzige Ausnahme; ihr Minnegesang war zwar durchaus weich und anmuthig, aber auch voll Gluth und Leidenschaft. Um ihren Platz in der griechischen Literatur und im griechischen Leben zu würdigen, dürfen nur die Aussprüche und Urtheile der Alten selbst über sie angeführt werden. Die ausgezeichnetsten, höher gebildeten Männer nennen sie eine unvergleichliche Frau; wie Homer unter den Männern, so stehe Sappho unter den Weibern unerreicht da. Der weise Solon lernte in seinen alten Tagen ein Lied von ihr auswendig, um mit dem Eindruck desselben zu sterben, und Sokrates zählt sie zu den weisen, zu den geistig schönen Frauen. Dagegen wurde sie von der niedriger stehenden öffentlichen Meinung, die ihr Organ hauptsächlich in den attischen Komödiendichtern fand, ebenso verspottet und verlästert wie bei uns ein ezcentrischer leidenschaftlicher Dichter, der durch die Rückhaltlosigkeit seiner Gefühlsäußerungen Anlaß zu Beschuldigungen eines lasciven Lebenswandels gibt. Man konnte ihr, einem Weibe, nicht verzeihen, daß sie durch ihr Talent die meisten Männer verdunkle, und verhöhnte sie daher als eine kleine, schwarze Person; noch weniger konnte man dulden, daß sie die freiere Stellung der Männer, welche ungehindert nach allen Seiten hin dem Zug der Schönheit und Begierde folgen konnte, auch für ihr Geschlecht in Anspruch nehme, welchem zwar keine Moral, aber eine noch strengere und unverbrüchlichere Sitte jede freiere Lebens- und Gefühlsäußerung verwehrte. Deßwegen gab man ihr unnatürliche Gelüste und unerlaubten Umgang mit Personen ihres Geschlechts Schuld, während sie nicht anders als in der edelsten Weise von der weiblichen Schönheit begeistert war, und ihr Verhältniß zu ihren schönen Freundinnen ebenso wenig etwas Anstößiges hatte, als die Liebe der edelsten Männer zu geistig und leiblich schönen Jünglingen, als die Päderastie im reinsten Sinne. Mit aller Energie der Leidenschaft führte Sappho den Streit für die Freiheit des Geschlechts gegen die Schranken einer unnatürlichen Sitte; die Vergeblichkeit ihres Kampfes aber ist, wenn auch nicht mit historischer, doch gewiß mit innerer Treue in dem Mythus von ihrem Tode ausgesprochen. Der Jüngling Phäon, von Aphrodite mit unwiderstehlichem Liebreiz begabt, soll ihr Geliebter gewesen sein, und als er ihre Liebe nicht erwiedert, habe sie sich von einer hohen Felswand in's Meer hinabgestürzt. Dieß soll ohne Zweifel nichts Anderes heißen, als daß ein Weib untergehen mußte, welches Aphroditens Gesetz verkehrend, dem Zug ihres eigenen Gefühls folgen wollte, anstatt ein bloßer Gegenstand männlichen Begehrens zu sein.

Sappho ist für die Geschichte der Liebe so bedeutend, daß es nicht zu viel sein wird, von den wenigen Bruchstücken, die als letzte Trümmer einstigen Reichthums auf uns gekommen sind, das mitzutheilen, was zur Charakteristik ihrer gemüthlichen und doch so leidenschaftlichen Gesänge sich besonders eignet. Zuerst eine Ode, welche ihr sehnsüchtiges Verlangen nach einem Geliebten ausdrückt:

Unsterbliche Aphrodite, die Du auf bunt schimmern-
dem Sitze thronst,
Stärke spinnende Tochter des Zeus, ich bitte Dich, be-
laste
O Herrin, nicht mit Kummer und Schmerzen mein
Herz,

Sondern komm zu mir, wenn Du je sonst aufmerksam
Meinem Gesange lauschtest und Deines
Vaters goldenes Haus verlassend kamst

In Deinem Gespann. Da zogen Dich schöne schnelle
Sperlinge
Vom Himmel herab mit emsigem Flügelschlag über der
Schwarzen Erde hin, mitten durch den Äther schwe-
bend.

Und plötzlich waren sie da. Du aber, o Selige, lächeltest
Mit dem unsterblichen Antlitz und fragtest: was es sei',
Das ich erdulde, und warum denn ich Dich rufe,

Und welchen besondern Wunsch ich hege im stürmen-
den
Gemüthe. »Wen soll ich Dir fangen im Netze der Liebe?
Wer krankt Dich, o Sappho? – Sei ruhig – flieht er

Auch jetzt, bald wird er Dich verfolgen. Nimmt er jetzt
Deine Geschenke nicht an – er wird Dir solche geben.
Küßt er jetzt Dich nicht, bald wird er küssen selbst die
Widerstrebende.«

Komm auch jetzt zu mir und befreie mich von quälen-
den
Sorgen, und was mein Herz wünscht, erfülle,
Du selbst aber sei meine Helferin.

Die folgenden, ohne Zweifel unvollständigen Strophen »an eine
geliebte Frau« sind noch stärker im Ausdruck. Einzelne Bilder sind
bei aller Schönheit und Wahrheit uns ungewohnt; abgesehen davon

wird Jedermann darin den schönen leidenschaftlichen Ausdruck eines lange zurückgehaltenen Gefühls bewundern:

Den Göttern gleich dünket sich der Mann,
Der Dir gegenüber sitzt, und aus der Nähe
Deine süße Stimme hört

Und Dein liebliches Lachen. Das macht mir mein Herz
Im Busen schlagen. Denn wenn ich Dich sehe, so kommt
Plötzlich kein Laut mehr aus mir.

Sondern meine Zunge erstirbt, und zartes Feuer
Ueberläuft sogleich meine Haut; mit den Augen
Sehe ich nichts und meine Ohren klingeln.

Und herab rinnt der kalte Schweiß, Zittern
Durchbebt mich ganz; ich bin blasser als Gras,
Fast ist es, als wäre kein Leben mehr in mir.

Wenden wir uns jetzt den Römern zu, so können wir uns in der Schilderung der Gestalt, welche bei ihnen das geschlechtliche Leben annahm, ungleich kürzer fassen. Man pflegt die Römer in den meisten Beziehungen mit den Spartanern zu vergleichen und diese Zusammenstellung ist namentlich auch in Beziehung auf Stellung und Bildung des weiblichen Geschlechts ganz am Platz. Wie die spartanischen Mädchen mit den Knaben gymnastisch erzogen wurden, so sind auch die ersten römischen Jungfrauen, die wir kennen lernen, Clölia und ihre Gespielinnen, unerschrockene Amazonen, welche die Tiber durchschwimmen und ihren eigenen kleinen Kriege mit dem Feinde führen. Das eheliche Leben war sodann ebenfalls ein tüchtiges, voll sittlichen Ernstes; die Matronen namentlich wurden sehr hoch geehrt. Dagegen waren aber auch die Römer so durch und durch praktisch und nüchtern, daß es niemand einfallen wird, bei ihnen an sentimentale Schwärmerei zu denken. Ihr Leben war bis auf die letzten Jahrhunderte der Republik herab einerseits so einfach ländlich und andererseits so rauh und kriegerisch beschäftigt, daß die Künste des Friedens unter ihnen nicht Platz greifen konnten, am wenigsten die zarteste und höchste, die Freikunst der Liebe. Selbst liebliche idyllische Bilder, welche sonst immer das einfache ländliche Leben begleiten, lassen sich kaum mit der Vorstellung vereinigen, die wir von dem gesammten inneren und äußeren Dasein der Römer haben. Es ist vielleicht ohne Beispiel, daß die Anfänge eines Volks, so wie die des römischen, mit Ausnahme der kriegerischen Heldensagen ganz ohne Poesie waren. Während sonst die ernstere Literatur aus dem lyrischen Getändel, aus Volks- und Liebesliedern herauszuwachsen pflegt, wenden sich die Römer, sobald sie zu schreiben beginnen, sogleich dem Nützlichen und Praktischen zu; statt Hirtenliedern und Idyllen liefern sie ernsthafte Anweisungen zum Landbau. Was aber jene Heldensagen betrifft, die bei andern Völkern, wie bei den Griechen, mit so vielen naiven Schilderungen und anmuthigen Liebesgeschichten durchwoben sind, so scheinen alle Frauen, welche darin vorkommen, der Stammmutter des Geschlechts, der Braut des Kriegsgotts nacharten zu wollen; sie haben, wie Lucretia und Virginia, das Messer in der Hand und geben das Signal zu dem blutigsten Kriege.

Die Bekanntschaft mit der griechischen Literatur gab allerdings dem römischen Geist eine neue, mildere Richtung, aber das Schicksal wollte, daß dieselbe mit dem bereits beginnenden Verfall des ursprünglichen Volkscharakters zusammenfiel, so daß sie nur gemacht zu sein schien, um diesen Proceß der Auflösung zu beschleunigen. Als die griechische Kultur in das römische Leben einzudringen begann, nahmen die Frauen hieran den hervorragendsten Antheil. Eine im Alterthum besonders auffallende und eigenthümliche Erscheinung sind die geistreichen Frauencirkel, welche zur Zeit der Scipionen der Mittelpunkt des höheren Lebens in Rom waren. Wo der weibliche Einfluß in diesem Grade sich geltend machte, da müßte man sich wundern, wenn er sich nicht vorzugsweise auch auf das Gebiet geworfen hätte, auf welchem er mit angeborner Virtuosität Meister ist, auf das der Liebe. Gleichwohl war dieß nicht in dem Grade der Fall, wie es unter ähnlichen Verhältnissen sonst zu erwarten wäre. Zugleich mit dieser feineren Bildung kam nämlich auch die Zeit der Weltherrschaft und des unermeßlichen Luxus. Wer hätte aber unter diesen Umständen, bei der vielfältigsten geistigen Distraktion, unter dem, auch den Einfachsten mit sich fortreißenden Genußleben, an Liebe denken können, welche zwar auch freie Verhältnisse und ungehinderte Ausbreitung, zunächst aber Innerlichkeit und ruhige Concentration verlangt? Als die Römer ein höheres sociales Leben anfingen, waren sie schon da angekommen, wo die Griechen aufhörten, bei einer nicht mehr in lebendigem Zusammenhang mit der sittlichen Persönlichkeit stehenden, sondern nur der äußerlichen Verschönerung des Lebens dienenden Bildung.

Eine Gattung der Liebe bildete sich allerdings bei den Römern in hohem Grade aus, sonst hatte Ovid nicht eine Kunst zu lieben schreiben können; allein diese Liebe war nicht die des dichterischen Idealismus, sondern einer sehr ordinären stutzerhaften Praxis. Ovid war kein Petrarca, sondern der erste Galanthomme, der eine Anweisung gibt, wie man in Gesellschaften, Theatern und Bällen sich die Gunst der Damen erwerben könne, der die jungen Herren namentlich lehrt, wie sie im Circus durch Liebäugeln, durch Spielen mit den Fußspitzen und Knieandrücken sich nähern und ihre Wünsche zu erkennen geben können. Je weiter die römische Sitte und Bildung herabsank, desto mehr wird sie überhaupt unseren modernen Zuständen nach ihrer schlimmsten und geistlosesten Seite ähnlich. Als in der Kaiserzeit Menschenleben und Menschenwürde allen Werth und allen Glauben verloren, da konnte natürlich auch weibliche Würde und männliche Tugend, da konnte kein reines und erhabenes Gefühl mehr Raum noch Geltung haben. Das höchste Beispiel, das eine Frau in diesen Zeiten von ehelicher Liebe zu geben vermochte, bestand darin, daß die heldenmütige Thrasea sich selbst den Dolch in die Brust stieß und ihrem Gatten den Weg zu sterben zeigte. Es begann jene ungeheure Sittenlosigkeit, wie sie in solchem Grad und Umfang die Welt nicht zum zweitenmale gesehen hat. Hieran aber nahmen die Frauen nicht blos passiven, sondern sehr aktiven Antheil. Die Emancipation der Weiber bestand in den höheren Kreisen faktisch; eine Menge solcher weiblichen Geschöpfe, die in übermüthiger Genialität jeden Zaum der Sitte und der religiösen Scheu abgeschüttelt hatten, rannte mit den Männern um die Wette nach dem ausschweifendsten, gränzenlosesten Genuß; gab doch eine Kaiserin, weil nichts ihre unersättliche Lust zu stillen vermochte, sich selbst im Bordell preis. Gegen die Prostitution und unnatürliche Wollust des kaiserlichen Palastes sind alle Freuden der orientalischen Harems wie gar nichts.

Aus solchen sittlichen Zuständen nun sind die erotischen Schilderungen der späteren Römer, vor allen des Petronius, hervorgegangen. Mit einer sittlichen Indifferenz und Grundsatzlosigkeit, zugleich mit einer Glätte und einem Anstrich, wie sie kaum ein Franzose haben kann, werden die abscheulichsten Dinge erzählt. Romane aus den Zeiten Ludwigs XIV und XV, z.B. die *histoire amoureuse* des Gaules und ähnliche entsprechen ganz dem Standpunkt, den diese Erzählungen einnehmen. Hier und dort werden Geschichten zum Besten gegeben, wie die des vornehmen Römers, der sich durch seine galanten Abenteuer so heruntergebracht hatte, daß er bei einer Dame von gutem Ton, die ihm ein Rendezvous gibt, mit Schanden besteht. Mit vieler Laune erzählt nun Petron, wie der Unglückliche von der, in ihren Erwartungen getäuschten Frau und ihren Dienerinnen mit Schande und Spott, unter Schelten und Kratzen zum Hause hinaus gestoßen wird. Er läßt ihn dann bei einer Hexe Rath und Hilfe suchen, wo der Jammermann wieder die kläglichste Rolle spielt, von den Gänsen der Sibylle gebissen, endlich aber doch zu seiner Satisfaktion restituirt wird, um seine Praxis von Neuem anzufangen. – Die Sinnlichkeit der alten Welt, welche in Griechenland in göttlicher Schönheit sich unsern Blicken darstellte und auch in ihren Verirrungen immer noch anmuthig und graziös war, sie hat sich hier selbst überlebt und ist bei lebendigem Leibe verfault, um einem neuen Lebens-Gesetz Platz zu machen.

Das Christenthum ist der große Wendepunkt für die geistige Welt überhaupt und für die sittlichen und gemüthlichen Verhältnisse insbesondere. Die allgemeine Bedeutung des Christenthums aber ist diese, daß jetzt erst die universelle geistige Seite des Menschen zum Bewußtsein kam, daß er sich nach seiner unendlichen sittlichen Bestimmung kennen lernte. Hiemit erst konnten die tieferen Mächte des Gemüths entbunden werden, der Geist aus der unmittelbaren Hingabe an die Natur sich in sich selbst zurücknehmen und der sichtbaren Herrlichkeit gegenüber ein ungleich schöneres Reich der Ahnung und Sehnsucht sich aufbauen. Dieses Reich war freilich zunächst noch ein jenseitig-himmlisches, die unendliche Sehnsucht eine von jedem irdischen Gegenstand sich abwendende blos religiöse. Es ist aber leicht einzusehen, wie die jenseitige und diesseitige Liebe auf derselben geistigen Richtung beruhen; daher auch ganz folgerecht in der Zeit, in welcher das specifisch Christliche seine höchste und intensivste Ausbildung erhielt, im Mittelalter, die himmlische und die irdische Liebe so ganz zusammenfielen. Die Sehnsucht des Gemüths ist nämlich darauf gerichtet, sich eines unendlichen idealen Gegenstandes zu bemächtigen, mit dem Abglanz desselben auch die wirkliche materielle Welt zu verklären, in dem Endlichen selbst das Unendliche zu besitzen. Dieß ist der Inhalt jeder geistigen, idealen Liebe, ihr Gegenstand mag sein welcher er will, ein jenseitiger oder ein diesseitiger. Auch in dem angebeteten Weibe suchen wir ja nichts anders, als den unendlichen geistigen Genuß, wir leben in der seligen Illusion, daß ihr Besitz uns das ganze, ohne sie ärmliche und schale Leben mit höherer Weihe, mit himmlischem Schimmer erfüllen werde. Eben dieß ist der Unterschied der christlichen von der heidnischen, rein natürlichen Liebe, daß wir nicht bloß die sinnliche Schönheit als solche begehren, sondern daß wir mit ihr und in ihr auch des Geistigen, das sich sonst überall unsern schmachtenden Lippen und Händen entzieht, in reizendster, unmittelbarster Leiblichkeit uns bemächtigen zu können glauben. Deßwegen mußte auch das Mittelalter, welches mit allen Kräften darnach rang, das Unendliche unmittelbar gegenwärtig zu haben und in der Welt sichtbar darzustellen, welches in seiner scholastischen Philosophie den absoluten Inhalt begreiflich erfassen, in der Hierarchie ihn äußerlich verkörpern, in seinem prunkvollen Cultus ihn gleichsam sinnlich genießen wollte, es mußte vermöge desselben Drangs auch für die überschwengliche Liebe eine solche gegenwärtige Verkörperung suchen. Daher jene wunderbare mystische Gluth, welche in der heiligen Jungfrau eine Geliebte anbetete, die irdische Geliebte aber als eine Heilige verehrte, mit jener in wollüstiger Inbrunst sich zu vermählen suchte, von dieser aber jeden Gedanken des Besitzes und Genusses als eine Profanation ferne zu halten bemüht war.

Wenn in dem eben Gesagten nichts Geringeres behauptet ist, als daß die Liebe erst mit dem Christenthum in die Welt gekommen sei, so scheint freilich nichts dem nächsten historischen Augenschein mehr zu widersprechen, als diese Ansicht. Gibt es keine Liebe ohne Geist, ohne das Moment der Innerlichkeit, so ist ihr der Leib, die Sinnlichkeit gewiß noch unentbehrlicher. Das Christenthum ist aber bekanntlich gegen die letztere mit so vernichtender Feindseligkeit aufgetreten, daß mit der Ertödtung des Leibes der Liebe auch Geist und Athem ausgehen mußte. Diese Spannung mit der Materie war aber nach unserer Behauptung nicht in seinem eigensten Wesen gegründet, sondern haftete ihm an von seinem orientalischen Ursprung, von seiner Geburt in dem Welttheil, den wir als den Ursitz der uneingeschränkten Sinnlichkeit kennen gelernt haben. Dieß ist auffallend, aber nichts desto weniger ganz in der Natur der Sache gegründet. Eben deßwegen nämlich weil im Orient die Sinnlichkeit so ganz unmittelbar, ganz ohne Geist auftrat, konnte dieser nicht anders als gegen diese Ueberwältigung durch die sinnliche Gewalt reagiren, und dieß natürlich wieder nur in einseitiger gewaltsamer Weise. Weil die einander so ganz fremden Elemente, Geist und Sinnlichkeit, sich nicht friedlich vereinigen und zu lebendiger Wechselwirkung durchdringen konnten, führten sie von Anfang an jenen Kampf auf Leben und Tod, bei welchem der eine Theil dem andern den Kopf zertrat und dieser jenem in die Ferse stach. Die Berührung mit der ganz entgeisteten Materie war allerdings befleckend, deßwegen ging alles theoretische und praktische, das philosophische und ascetische Bestreben dahin, sie ganz zu ertödten und so die Befleckung unmöglich zu machen. Dieß suchten die Büßer in Indien durch die unglaublichste Selbstpeinigung, dieß suchte der Lichtdienst und die Ormuzd-Lehre in Persien durch mystische Contemplation zu erreichen. So fanden sich also in dem Orient die schroffsten Gegensätze von Alters her; die indischen Fakirs gingen den christlichen Mönchen um viele Jahrhunderte voran. Aus der Reihe dieser orientalischen Oppositionen gegen die Sinnlichkeit ging nun das Christenthum hervor und machte natürlicherweise zunächst diese eine Seite vorherrschend geltend. Jenen Zug, das Unendliche sichtbar darzustellen und zu besitzen oder – in höherer Weise – das Unendliche im Sichtbaren zu finden, obgleich eine notwendige Consequenz des Christenthums, nahm dasselbe erst in seiner späteren abendländischen Entwicklung. Ursprünglich suchte es umgekehrt des Unendlichen sich zu bemächtigen, indem es dasselbe möglichst von der Welt trennte und aus ihr herauszog, die Welt als das Ungöttliche liegen ließ und in der Innerlichkeit seiner Gefühle und Erwartungen nur sich selbst leben wollte. Die äußeren Verhältnisse von Staat und Gesellschaft waren ihm etwas Widerwärtiges, das der für und in einer andern Welt lebende Spiritualist ignorirte oder dem er sich, wo es nicht zu vermeiden war, nur sträubend accomodirte. Unter diesen äußeren Verhältnissen nahm aber die Liebe, das geschlechtliche Leben die allererste Stelle ein.

Nichts konnte der unchristlichen Anschauung ferner liegen, als die sinnliche Schönheit und Anmuth in ihrer eigenen Berechtigung anzuerkennen. Da aber gleichwohl die Berührung mit der Welt von dieser Seite am allerwenigsten zu vermeiden war, so mußte dieß die heftigste und gereizteste Opposition des neuen Princips gegen das alte Leben hervorrufen, einen inneren Kampf mit sich selbst, mit dem alten Menschen und seinen ewig nicht auszurottenden natürlichen Trieben, und einer äußerlichen gegen die Existenzen, in welchen dieser natürliche Mensch sich bisher dargestellt und bewegt hatte. Von keiner Seite entbrannte daher der Kampf des Christenthums gegen die heidnische Welt heftiger, als über der Liebe und Ehe. Der ganze Abscheu gegen das Heidenthum faßte sich dem Apostel Paulus in dem einen Wort der Hurerei zusammen; weil die Heiden den unsichtbaren Gott versinnlichten, deßwegen sind sie, wie er dieß mit philosophischem Scharfsinn erklärt, selbst auch in die Sinnlichkeit und unter die Knechtschaft der bloß natürlichen Triebe herabgesunken. In den geschlechtlichen Verirrungen, die er mit aller Kraft sittlicher Entrüstung schildert, culminirt die ganze Verderbniß des Heidenthums. Aber nicht nur diese Verirrungen sollten nicht sein, sondern da sie bloße Schößlinge der giftigen Wurzel der Sinnlichkeit überhaupt sind, so ist diese selbst wo möglich mit der letzten Faser auszurotten. In der Ehe findet ja ganz dieselbe geschlechtliche Annäherung statt wie außer derselben, und sie wird dadurch, daß sie äußerlich geregelt ist, in ihrem Wesen durchaus nicht verändert, sie widerspricht unter jeder Gestalt dem Gebot vollständiger Reinheit und Heiligung. Auch die Ehe ist daher dem Apostel etwas, das sich mit dem absoluten christlichen Standpunkt durchaus nicht verträgt. Es ist zwar besser freien als Brunst leiden; wer aber des Freiens sich entschlagen kann, wer seine Triebe so im Zaum zu halten weiß, daß er von ihnen nicht in jedem Augenblick eine Störung seines inneren Lebens zu fürchten hat, der thut besser, wenn er nicht freit. Der Verheiratete lebt der Welt, der Ledige allein kann Gott leben. So ist die Ehe dem Apostel keineswegs ein sittliches Verhältniß, welches den natürlichen Boden abgeben soll zur Verwirklichung höherer Zwecke, sie ist ihm nur das nothwendige Schutzmittel gegen die Hurerei, ja sie ist nur die in leidliche Schranken eingeengte Fortsetzung dieses überhaupt verdammenswerthen sinnlichen Verhältnisses.

Hier sehen wir also in der bedeutungsvollsten Weise den großen welthistorischen Kampf eröffnet, dessen Mittelpunkt die Liebe ist und an dessen Entscheidung wir selbst noch mitstreiten. Denn diese äußerste Spannung mit der Sinnlichkeit war nicht bloß die Aeußerung des ersten schroffen Auftretens eines neuen Princips, sondern sie dauerte in derselben Schärfe Jahrhunderte lang fort, nachdem das Christenthum sich schon tief in die Welt eingelebt hatte. Der berühmte Kirchenlehrer Tertullian schreibt im dritten christlichen Jahrhundert der Jungfräulichkeit denselben hohen Werth zu, wie es der Apostel gethan hat, und will nur den für einen rechten, vollkommenen Christen gelten lassen, der auch dieses letzte natürliche Band, das ihn an die Welt knüpfe, zu zerreißen wisse, um in vollständiger Entsagung auf die nahe Vernichtung alles Irdischen zu warten. Aus dieser Feindschaft gegen alles Natürliche ist die Sehnsucht wohl zu erklären, welche gar Viele in der damaligen Welt ergriff nach der schönen Zeit, »da noch Venus' heiterer Tempel stand«, und der Widerwille gegen das Düstere des Christenthums, welchen namentlich die höher und poetisch Gebildeten empfanden. Den ergreifendsten poetischen Ausdruck dieses ganzen Verhältnisses finden wir in Goethe's Braut von Korinth:

Und der alten Götter bunt Gewimmel
Hat sogleich das stille Haus geleert,
Unsichtbar wird Einer nur im Himmel
Und ein Heiland wird am Kreuz verehrt;
Opfer fallen hier,
Weder Lamm noch Stier,
Aber Menschenopfer unerhört.

Eurer Priester summende Gesänge
Und ihr Segen haben kein Gewicht;
Salz und Wasser kühlt
Nicht, wo Jugend fühlt!
Ach! die Erde kühlt die Liebe nicht.

Bring' in Flammen Liebende zur Ruh!
Wenn der Funke sprüht,
Wenn die Asche glüht,
Eilen wir den alten Göttern zu.

Auch in dieser äußersten Einseitigkeit und Transscendenz hatte aber das Christenthum doch immer noch eine Seite, welche eine Höherschätzung des Weibes und eine tiefere geistige Gemeinschaft mit ihr anbahnte. Während in der antiken Welt der Mann ganz dem öffentlichen Leben hingegeben war und in demselben aufging, brachte die Zurückgezogenheit und Innerlichkeit des christlich-religiösen Lebens Mann und Weib auf einem Gebiete zusammen, wo beide gleich berechtigt waren, ja wo die besondere Gemüthlichkeit des zarteren Geschlechts sich überwiegend geltend machen konnte. Wir lernen in jenen älteren Zeiten namentlich viele Frauen von sittlich religiöser Erhabenheit kennen, die auf ihre männliche Umgebung einen mächtigen Einfluß ausübten. Von Liebe im specifischen Sinne, von romantischem Gefühlserguß oder begeistertem Schönheitsdienst ist hier natürlich noch keine Rede; man wird aber begreiflich finden, wie durch eine innere religiöse Gemeinschaft und durch die höhere Weihe, welche dadurch die Frau erhielt, auch für die natürliche Seite der gegenseitigen Beziehungen ein höheres und zarteres Verhältniß herbeigeführt werden mußte. Es lag hier mit Einem Worte bereits der Keim und Anfangspunkt jenes im Mittelalter sich vollendenden sinnlich-mystischen Frauen-Cultus.

Ehe aber dieser sich weiter ausbreiten konnte, hatte das Christenthum und mit ihm das sittliche Leben überhaupt noch eine schwere Krisis durchzumachen. Dem Herrschendwerden des Christenthums ging nämlich bekanntlich ein gänzlicher Zerfall der alten Welt mit allen ihren Bildungselementen und sittlichen Lebensmächten zur Seite. Diesem Zerfall sollte es nun neues Leben einhauchen, dieser Entartung ein neues höheres Gesetz bringen; andererseits aber hatte es die rohe Naturkraft der frisch in die geschichtlichen Kreise tretenden Völker zu sänftigen und geistig zu bewältigen. Nach beiden Seiten hatte es also die schwerste, eine fast hoffnungslose Aufgabe; hier wie dort war gegen eine sinnliche Rohheit anzukämpfen, von der schwer zu sagen ist, welche von beiden die schlimmere war. Und diesem Allem hatte die Religion noch keine innerliche Macht, für welche nirgends Empfänglichkeit gewesen wäre, sondern nur ein äußeres Gesetz, Ceremonien und Aberglauben entgegenzusetzen. Daher bieten denn auch die dem eigentlichen Mittelalter vorangehenden Jahrhunderte die traurigsten Scenen der Verwilderung, namentlich in geschlechtlicher Beziehung, dar. Bei dem Hauptvolk im Westen, bei den Franken in Gallien und Deutschland, war keine Spur von jener alten Einfachheit, Zucht und Keuschheit zu finden, welche auch wohl da, wo alle Kriegsgefangene Sklaven und der Leidenschaft des Siegers preisgegeben waren, nie in der Weise vorhanden gewesen ist, wie man sie sich gewöhnlich zu denken pflegt. Vielmehr herrschte bei den christlichen Königen jener Zeit eine öffentliche Polygamie und Vielweiberei, eine gewaltthätige brutale Sinnlichkeit, welche um so widriger erscheint, da sie sich zugleich in den Bettlermantel mönchischer Frömmigkeit zu hüllen suchte. Die Bekanntschaft mit dem Christenthum und seinen heiligen Büchern führte insbesondere die schon so oft wiedergekehrte Gefahr mit sich, daß man die naiven Erzählungen des A. Testaments von den geschlechtlichen Verhältnissen des Patriarchenzeitalters zu einem Deckmantel für die sinnlichen Gelüste der Gegenwart machte und in der salbungsvollen biblischen Sprache redete, um eine heilige Autorität für das zu haben, was das roheste sittliche Gefühl für nicht recht erkennen mußte. So nannten die fränkischen Geistlichen die Concubinen ihrer Könige ungenirt deren Frauen, weil David auch fremde Weiber hatte. Der König Clotar hielt sich ganz an den Vorgang des Erzvaters Jakob, indem er die Schwester seiner Frau zu sich nahm, weil ihm diese den Wunsch vorgetragen

hatte, derselben einen vornehmen Gemahl zu verschaffen und er
keinen bessern zu finden wußte, als sich selbst. »Ich habe sie selbst
zur Frau genommen, was Dir gewiß Freude machen wird,« sagte er
zu seiner rechtmäßigen Gemahlin; diese aber erwiederte: »Was auch
dem Auge meines Herrn gefallen mag, nur möge seine Magd in
seiner Gunst und Gnade bleiben!« Wo die Frauen vor einem starken
Gebieter sich in solcher sklavischen Demuth beugen, da kehren sie
unter einem schwachen die ganze Herrschsucht und Grausamkeit
hervor, welche in dem entarteten Weibe viel unbezähmbarer toben,
als in dem schlimmsten Mann. Das berüchtigtste Beispiel in dieser
Richtung geben Brunhild und Fredegund, die beiden fränkischen
Königinnen, welche ihr Andenken durch ungezählte Gräuel aller
Art unsterblich gemacht haben. Allerdings finden sich auch schon
Spuren ritterlichen Sinns. Der Longobardenkönig Autharis freite
um Theudelinde, eine baierische Herzogstochter, und war selbst
unerkannt unter der Gesandtschaft, die um ihre Hand anhielt. Als
ihm dieselbe zugesagt wurde und die Prinzessin vor ihm erschien,
damit er ihre Schönheit seinem Herrn preisen könne, wußte er leise
ihre Hand zu drücken und unbemerkt ihr Angesicht zu berühren,
woran Theudelinde erröthend den künftigen Gemahl erkannte. Den
baierischen Großen, die ihn bis an die Grenze ihres Gebiets begleite-
ten, gab er sich dann auf folgende, ganz an Richard Löwenherz und
ähnliche Helden des Mittelalters erinnernde Weise zu erkennen: er
trieb seine Streitaxt mit einem mächtigen Streich tief in einen Baum
und rief dabei aus: »Solche Hiebe pflegt der König der Longobarden
zu führen.« Dieser ächt chevalereske Zug wird aber vollständig
wieder aufgewogen durch die bekannte Rohheit des Königs Alboin
aus demselben Volke, der seiner Gemahlin, der schönen Rosamun-
de, aus dem Schädel ihres von ihm erschlagenen Vaters zutrank. So
liegen hier die verschiedenen Elemente des Mittelalters, physische
Brutalität und romantische Ritterlichkeit, sinnliche Ausschweifung
und äußerliche Religiosität in noch leicht zu unterscheidender Besonderung neben einander. Den poetisch verschönerten Ausdruck
dieser Mischzeit des Heidnischen und Christlichen finden wir in
dem freilich auch die seiner späteren Entstehungszeit angehörende
Anschauung in die Darstellung hineintragenden Nibelungenlied.
Was unser in Frage stehendes Verhältnis betrifft, so finden wir darin, daß Brunhilde ihrem Gemahl, dem König Gunther, ihren Besitz
verweigert und ihn an Händen und Füßen gebunden in dem Braut-

gemach aufhängt. Erst in der zweiten Nacht gelingt es dem starken Siegfried, die amazonenhafte Schöne nach einem heißen Ringkampf zu überwältigen, worauf sie sich dem unterdessen herbeigeschlichenen Gunther hingeben muß.

Während im Abendland barbarische Rohheit mit einer absterbenden Cultur und einer neuen, noch unbegriffenen Bildung den doppelseitigen Kampf führte, hatte am entgegengesetzten Ende der damaligen christlichen Welt, am byzantinischen Hofe, eine raffinirte römisch-orientalische Sinnlichkeit Alles überwuchert und erstickt. Die Weiber und ihre Intriguen spielten hier insbesondere eine keiner ausführlichen Schilderung bedürfende Rolle; die unersättliche Lust mancher Kaiserinnen wird von den alten Schriftstellern mit einer anatomischen Anschaulichkeit erzählt, die nicht von ferne wiedergegeben werden kann; die Tochter eines Bärenführers, die auf den kaiserlichen Thron erhoben wurde, nachdem das halbe Constantinopel ihre geheimen Reize hatte kennen lernen, ragt unter diesen Hetären ebenso hervor, wie in Rom eine Messaline oder bei den Franken eine Brunhilde und Fredegunde. Die sinnlichen Ausschweifungen hier wie dort waren aber schlimmer als alles Derartige in der alten heidnischen Welt. In Griechenland durfte sich die Sinnlichkeit frei und ungebrochen entwickeln, sie fand deßwegen in sich selbst immer das nothwendig zügelnde Schönheitsgesetz, welches den naiven Genuß bei aller Natürlichkeit und Nacktheit mit einem geistigen Anhauch überflog. Hier aber war ein Gesetz, welches jede fleischliche Regung verdammte und doch nicht die geringste Kraft hatte, dieselbe geistig zu richten. Dieser Stachel des Gesetzes war daher nur dazu vorhanden, die verbotene Lust zu reizen und zu schärfen, so daß sie ebenfalls in aller Nacktheit sich bloßstellte, aber nicht in der Nacktheit der Unschuld, sondern auf's Häßlichste entstellt durch das frech vorgehaltene Feigenblatt eines heuchlerischen Sündenbewußtseins. Es bildete sich also die schlimmste Art der Sinnlichkeit aus, Wollust mit Aberglauben im Bunde. Und diese Richtung hat sich nur zu lange forterhalten; sie klebt der christlichen Sittlichkeit überall an, wo diese den wahrhaft sittlichen Geist des Christenthums nicht auch in die natürlichen Verhältnisse einzuführen und diese damit zu durchdringen weiß; namentlich aber ist sie an den Höfen des siebzehnten und achtzehnten Jahrhunderts, welche mit jener früheren Zeit durch den Mangel

alles geistigen Inhalts, durch eine überkommene ausgeartete Cultur
und eine noch ganz unbegriffene Cultur so viele Aehnlichkeit hatten, in dem Maitressen-, dem Jesuiten- und Beichtvater-Wesen wieder zu einer traurigen historischen Gestalt geworden. – Doch eilen
wir von diesen widrigsten Erscheinungen der Geschichte einer Zeit
entgegen, in welcher zuerst die Liebe sich als ideales Verhältniß
bildet und anfängt, eine Macht zu werden, welche alle übrigen Lebensthätigkeiten in ihren Kreis zu ziehen und unter ihr Gesetz gefangen zu nehmen weiß.

Das Mittelalter ist die Zeit des herrschend gewordenen und in alle Verhältnisse eingelebten Christenthums, aber nicht des ursprünglichen Christenthums in seiner die ganze irdische Welt zurückstoßenden Strenge und ebenso wenig des geistig aufgenommenen und verarbeiteten Christenthums, wie es in der neueren Zeit seine Consequenzen verwirklicht hat, sondern eines, wie der Name besagt, zwischen diesem Ausgangs- und Endpunkt in der Mitte stehenden. Statt nämlich das Geistige in der ganzen Welt der Sinnlichkeit zu suchen und diese auf allen Punkten von jenem weihen und verklären zu lassen, suchte es – wie schon bemerkt – für das Unendliche eine unmittelbare, sichtbare Gegenwart, d.h. es erblickte dasselbe nur in einzelnen äußerlichen Existenzen und Instituten, während alle übrige Endlichkeit ihm eine geistlose, blos weltliche und sündliche war. Während für den urchristlichen Standpunkt, wie wir ihn vorhin geschildert, alles Endliche verwerflich, jede Sinnlichkeit dem Untergang bestimmt war, während dagegen die moderne Anschauung gar nichts Endliches an sich verwerflich findet, sondern nur so weit es unter den Händen des Menschen gemein und geistlos wird, hatte das Mittelalter zwei Reiche, ein weltliches und geistliches, sichtbar und gegenwärtig einander gegenübergestellt. Der Mittelpunkt aller Verkörperung des Unendlichen war die Hierarchie, das Papstthum, der religiöse Cultus. Damit nun aber dieses Reich der Geistlichkeit von der übrigen Welt nicht vollständig abgeschlossen sei, sondern feste Uebergangspunkte habe, um seinen Einfluß auch auf diese überzuleiten, mußte es einen bestimmten Kreis halb geistlicher und halb weltlicher Institute sich bilden, welche ihre höhere Weihe von ihm empfingen, zugleich aber mit tausend Wurzeln in der Welt der Sinnlichkeit fußten. Solche Irisbrücken von der einen zu der andern Welt waren insbesondere das Ritterthum und der Minnedienst, die Frauenliebe. Von der letztern, mit welchen wir es zunächst zu thun haben, ist schon aus dem Bisherigen ersichtlich, daß sie im Mittelalter ebenso eine höhere Pflege und Nahrung erhielt, wie sie anderseits nirgends weniger als hier eine selbstständige, wahrhaft natürliche und sittliche Bedeutung haben konnte. Das historische Interesse für das Mittelalter liegt daher nicht blos in der Darstellung jener stehenden Form, welche während desselben das geschlechtliche Verhältniß erhalten hat, sondern ebenso sehr in der Schilderung der von dem Standpunkt einer natürlichen Sinnlichkeit und freien Sittlichkeit gegen jene übersinnlich-sinnliche Liebe von Anfang an erhobenen und bis zum Ende durchgeführten Opposition, einer Opposition, welche sich hauptsächlich auf die aus der dunkeln Nacht der vorigen Jahrhunderte wieder zu Tag geförderte griechische Bildung mit der in ihr geltenden schönen Sinnlichkeit stützte und so den Proceß der allmäligen Verschmelzung dieser beiden allgemeinsten Prinzipien einleitete.

Ehe der Baum der Hierarchie seine mächtigen Aeste so weit hin ausbreiten konnte, daß die ganze abendländische Welt unter seinem mystischen Zwielicht gefangen lag, gingen manche drohende Stürme über seinem Wipfel dahin, die seinen Stamm bis zur Wurzel zu zerspalten drohten; in mehr als einer Krisis fragte es sich darnach, ob die jenseitige christliche Transscendenz oder der Geist einer heiteren diesseitigen Lebensphilosophie herrschend werden solle. Schon unter dem Manne, dem die Hierarchie ihre ersten großen Siege diesseits der Alpen verdankte, unter Carl dem Großen, wurde neben dem religiösen Ultramontanismus eine andere Pflanze von jenseits der Berge geholt, welche ihre alte Heimath ebenfalls in Rom hatte, von jeher aber mit unvertilglicher Eifersucht ihrer nachgeborenen Schwester jeden Fuß breit Boden im Kampf um die Oberherrschaft streitig zu machen gewohnt war: die classische Literatur. Sind wir nicht berechtigt, die hübsche Liebesgeschichte der Prinzessin Emma mit dem gelehrten Eginhard sogleich als eine Frucht der an dem Hofe des fränkischen Königs gelesenen römischen Dichter zu betrachten? Auf dieser Seite ging zwar die schöne classische Cultur, welche einen so erfreulichen Ansatz gemacht hatte, bald wieder unter den faulen Nachfolgern des großen Carl zu Grunde und die alte mönchische Wollust der früheren merovingischen Könige trat wieder an die Stelle eines menschlich gebildeten Lebens; herrlich blühte sie dagegen in Deutschland wieder auf unter den sächsischen Kaisern, den großen Ottonen. Ein specielles Liebesverhältniß ist zwar von hier nicht zu berichten, aber eine Menge ausgezeichneter und hochverehrter Frauen, die Mütter, Gemahlinnen und Schwestern der Kaiser nennt die Geschichte als Freundinnen und Pflegerinnen der schönen Wissenschaften zum Beweise, daß überall mit den feineren Wissenschaften auch die Stellung des zarteren Geschlechts sich hebt und zum Belege dafür, daß die Damen sich überall als geborene Bundesgenossinnen jeder ästhetischwissenschaftlichen Richtung betrachten sollten. Und wenn uns auch keine Äußerung leidenschaftlicher Liebe begegnet, so werden wir dafür hinlänglich entschädigt durch die gewiß auch hieher gehörige Scene des letzten Abschieds zwischen Otto dem Großen und seiner Mutter Mathilde, der Wittwe des großen Städtegründers Heinrich. Das ganze Mittelalter kennt keinen Auftritt von reinerem, sittlich erhabenerem Gefühl als wie der gewaltige Kaiser vor der weinenden Mutter auf die Kniee fällt mit den Worten: »O ehrwürdige Gebieterin, durch welchen Dienst kann ich Dir diese Thränen vergelten?« Schließt diese schöne kindliche Ehrerbietung nicht auch die Würdigung der Weiblichkeit überhaupt in sich?

Diese mit dem ersten Hervortreten der classischen Bildung zusammenhängenden Züge sind aber allerdings untergeordnet gegenüber der jetzt näher zu schildernden Wirkung, welche die ersten Regungen einer freien Philosophie auf unser Verhältniß hatten. Bringen wir hier – dieses Bedenken drängt sich uns selbst auch auf – nicht das einander Fremde in einen künstlichen Zusammenhang? Was hat die Philosophie mit der Liebe zu schaffen? Dagegen möchten wir die anderen Fragen aufwerfen: war nicht Abailard der erste große Philosoph im eigentlichen, freieren Sinn des Worts und war nicht Heloise seine platonisch gebildete Schülerin? ist nicht an ihrer berühmten Liebe der Versuch, einem freien und nur in seiner eigenen höheren Natur die Berechtigung seiner Existenz tragenden Verhältniß Bahn zu brechen, das ewig Denkwürdige und Interessante? Abailard's und Heloisen's tragisches Geschick ist gleichsam eine symbolische Darstellung des gescheiterten Strebens, mit classischer Literatur und Philosophie gegen eine dürre, Leben und Sinnlichkeit ertödtende Scholastik anzukämpfen. Die merkwürdigsten Stellen in dem berühmten Briefwechsel sind uns diejenigen, welche Heloisen's Wunsch ausdrücken, nur die freie Geliebte des geistreichen Mannes zu sein:

> O wie oft zur Sklaverei der Ehe
> Durch den Spruch gestrenger Zucht verdammt,
> Rief ich über jede Satzung Wehe,
> Welche nicht von freier Liebe stammt.

Oder noch deutlicher:

Daß ich vor den Schlingen bang erbebte,
Die die Ehe fromm in sich verhüllt,
Daß ich, jeder Satzung trotzend, strebte
Nur nach einer freien Liebe Bild.

Vom höchsten poetischen Schmelz sind die Stellen, in welchen beide die sinnliche Seite der Liebe feiern, z.B. Abailard's Schilderung des Tags, an welchem seine Geliebte sich ihm hingegeben:

Der Morgen duftete, die Vögel sangen,
Ein wollustreicher Tag lag auf der Flur.
Und, gleich als ahne sie dein Lustverlangen,
War üppiger und schöner die Natur.
Ein feuchter Schimmer lag in deinen Augen,
Süß schmachtend hingen sie an meinem Blick,
Und deines Athems liebesehnend Hauchen
Verkündete mir hold mein nahes Glück u. s. w.

Oder die Erinnerung der mit Gott vermählten Heloise an die Freuden, die sie einst in den Armen ihres grausam verstümmelten irdischen Gemahls genossen, das schmerzliche Sehnen nach dem auf ewig verlorenen Gut; wie könnten alle Leidenschaften furchtbarer in einander stürmen?

Und die Mitgespielin, Sünde, würzet
Höher, feuriger den Kelch der Lust.
Höllengeister, die bei Tage schliefen,
Spornen rascher der Begierde Lauf;
Rühren bis in seine tiefsten Tiefen
Jeden Quell der Lieb' und Wollust auf.
Ha! dann blick' und lechz' ich mit Entzücken
Jede Blume deiner Schönheit an.

Gib mir Alles, was du noch kannst geben,
Und was nicht – erträumen laß es mich!

Diese Stellen sind von einer solchen Stärke des leidenschaftlichen Ausdrucks, daß sich ihnen kaum irgendwo etwas Aehnliches an die Seite setzen läßt, gleichwohl sind für das Princip der Liebe noch wichtiger diejenigen, in denen sich beide von der sinnlichen Liebe zu einer höheren, geistigen gewaltsam losreißen und die ewige Berechtigung derselben siegreich aussprechen.

> O glaube mir, nicht strafbar sind die Triebe,
> Von denen hoch für mich dein Busen schwillt;
> Was ist denn wahre Tugend, wenn die Liebe
> Vor Gottes Thron als ein Verbrechen gilt?
> Auf Alles, was im Weltall lebt und webet,
> Sieh hin nur einen kurzen Augenblick:
> Nur durch die Liebe wird das All belebet,
> Nur in der Liebe findet es sein Glück.

Wer sollte dieses Alles im Mittelalter suchen? Haben wir hier nicht ganz dieselbe Dialektik der Leidenschaft, auf welche die freiesten erotischen Schriftsteller der neuesten Zeit ihre Theorie von der selbstberechtigten und sich selbst genügenden menschlichen Natur mit allen ihren natürlichen Trieben gründen? Der so spricht, ist doch gewiß Abailard der Philosoph, der Gegner des heiligen Bernhard, der auch über die Theologie und ihre Mysterien, über die Trinität u.s.w. frei denkende. Hätte Abailard über seine theologischen Gegner gesiegt, gewiß auch der Liebe und allen übrigen Lebensverhältnissen wäre eine andere Bahn gebrochen worden; aber er wurde verdammt und mit ihm jede sinnliche und geistige Freiheit. Jetzt erst tritt die vollkommene Herrschaft des Mittelalters ein, welches nach seinem allgemeinen Charakter schon im Frühern geschildert worden ist.

Liebe und Religion haben ein und dasselbe Problem, die Feststellung des richtigen Verhältnisses zwischen Geist und Sinnlichkeit. Der allgemeine Charakter der mittelalterlichen Religion ist nun schon dahin angegeben worden, daß sie diese beiden Gebiete äußerlich neben einander und einander gegenüberstellte; sie wollte den Schein haben, als seien beide organisch durchdrungen, als leihe eines dem andern sein Wesen, während es doch nur eine mechanische Nebeneinanderstellung war, welche jedem seine eigenthümliche Kraft und Bedeutung raubte. Das Geistliche, indem es die materiellen Kräfte in seinen Dienst nahm, gab diesen kein höheres Gepräge, sondern bedeckte nur ihre angeborene Rohheit mit einem täuschenden Schimmer, hielt sie unter einer perfiden, selbstsüchtigen Herrschaft; dem Sinnlichen wurde, indem es einem Fremden und zu fremdartigen Zwecken diente, seine ehrliche Natur und sein eigenes Recht entzogen. Dieses Loos traf vor Allem die scheinbar so hoch begünstigte Liebe. Unter den luftigen Brücken, die über die große Kluft zwischen den beiden Reichen hinüberführen sollten, die aber kein fester Tritt beschreiten konnte, ohne daß sie sich in nebligen Thau auflösten, in welchem der Wandelnde unaufhaltsam hinabstürzte, ist bereits die Liebe genannt worden, welche in jener täuschenden Mitte zwischen Himmel und Erde schwebte, bald von dem Dufte des einen sich zu nähren, bald die süßen Früchte der andern darbieten zu wollen schien, welche unter dem hohen Protektorat der Himmelskönigin stand, deren Jünger aber nur zu oft, von den ätherischen Flügen herabsinkend, an der rohsten Sinnlichkeit kleben blieben. Ihr schloß sich eine andere Schöpfung desselben äußerlich spiritualistischen Geistes an, das Ritterthum, welches die gleiche schillernde Mitte hielt zwischen Sinnlichem und Idealem, zwischen blos physischer Kraftäußerung und feiner abstrakter Ehre, zwischen räuberischer Gewaltthat und dem aufopfernden Dienste einer höheren religiösen und sittlich erhabenen Idee. Gerade diese höhere Idee, von der er eigentlich keinen genaueren Begriff hatte, konnte sich dem Ritter nur in einem verwandten sinnlichen Gegenstande, in der Dame seines Herzens verkörpert darstellen. Ihr war daher sein ganzes Leben mit allen seinen Kämpfen und Abenteuern gewidmet; in ihrem Besitz konnte er sich träumen, daß ihm, dem muthigen und tapfern, allein der höchste Preis des Lebens gehöre, während der gemeine Troß aller höheren Weihe des Daseins unwürdig und von ihr ausgeschlossen sind. Die Verbindung zwischen diesen beiden hervorragenden Erscheinungen des Mittelalters und das innere wahre Wesen einer jeden kommt nirgends charakteristischer zu Tage als an den sogenannten Liebeshöfen. Dieß waren nämlich Versammlungen von adeligen Herren und Damen, welche über Fragen der männlichen und weiblichen Ehre, des Ritterthums und der Galanterie mit der spitzfindigsten Ernsthaftigkeit beriethen, wo die in alle Geheimnisse der Waffen- und Liebes-Etikette eingeweihten Sänger ihre Sentenzen in wohlgesetzten Versen vortrugen und dem gewandtesten Advokaten der Preis des Tages zu Theil wurde. Die Liebe wurde hier also ganz ebenso behandelt wie die Religion in den theologischen Disputirkämpfen; je feiner und subtiler Alles war, desto näher glaubte man dem Wesen zu sein, während es im Gegentheil nichts als Schaum und Schein war ohne alle Bedeutung für das Bewußtsein des Subjekts.

Auf diese Weise bildete sich jenes poetisch reizende Verhältniß der ritterlichen Ehre und des zarten Minnedienstes aus, welches von den Troubadours und Minnesängern tausendfach besungen noch heutzutage überall poetisch und praktisch nachklingt. Nach seiner äußeren Erscheinung ist es allerdings durchaus romantisch, übergossen mit allem Schmelz und Duft einer idealen Phantasie; betrachten wir es aber nach seiner Stellung zum wirklichen Leben, so erscheint es ganz anders. Wie die Religion mit allem ihrem heiligen Nimbus die ganz ungebrochene menschliche Selbstsucht und Rohheit verdeckte, ebenso hatte die Liebe ihr Ideal nur, um in seiner abstrakten Verehrung von allem menschlich gebildeten und wahrhaft geistigen Inhalt des Lebens, wie es namentlich die geschlechtliche Gemeinschaft erfüllen soll, um so mehr absehen zu können. Dem Ritter und dem Dichter war es nicht um den dauernden Besitz, ja nicht einmal um den vorübergehenden Genuß jenes idealen Gegenstandes seiner Verehrung zu thun; die berühmtesten Figuren dieser Liebe, wie z.B. Petrarca's Laura, stehen zum Dichter nicht in der mindesten persönlichen Beziehung. Man wollte in der Jungfrau nur ein Hochheiliges von Ferne anbeten, man wollte aus ihren Händen den Preis des Liedes oder der Waffen hinnehmen, um sich ohne alle eigentliche Hingabe in ihrem Dienste dem eiteln Selbstgefühl des Ruhms, dem trotzigen der Tapferkeit zu überlassen. Es kann uns hier natürlich nicht einfallen, uns näher auf die einzelnen Minnesänger einzulassen oder auch nur von den verschiedenen Schulen derselben, von der catalonischen, der limousinischen, der provençalischen, der schwäbischen zu sprechen. Dieß ist Sache der Literaturgeschichte; hier aber handelt es sich nur um die Stellung und den Einfluß, den die gesammte romantische Liebe überhaupt auf das Leben hatte. Nur einen Sänger wollen wir namhaft machen, nicht wegen der besonderen Trefflichkeit seiner Poesie, sondern weil aus seiner Erzählung von seinen Liebesabenteuern am besten ersichtlich ist, wie leer und armselig dieses ganze Treiben zu sein pflegte. Ulrich von Lichtenstein, »ein Sänger und zugleich ein Held«, zog als Frau Venus verkleidet in dem Lande umher, um mit männiglich zu Ehren seiner Frauen eine Lanze zu brechen. Sein

Knappe eilt als Liebesbote zwischen beiden hin und her und bringt endlich die willkommene Nachricht, daß die Dame dem Ritter den Dank für seine unglaublichen Huldigungen reichen wolle. Nach manchen Don Quixot's Abenteuern wird er endlich an einem Leintuch an ihr Thurmgemach gezogen; nach mancherlei Mystificationen aber läßt die deutsche Herrin den albernen Phantasten wieder unsanft hinabfahren, ohne ihm mehr als ihre Hand zum Kuß gereicht zu haben. So war überhaupt bei dieser Minne das meiste nur Maskerade und wenn je etwas Ernstliches dabei war, so war es nichts Anderes als eine sehr ordinäre Hahnreischaft. Ueber die eigentliche Stellung und den Beruf des Weibes im Mittelalter darf man nur eine Stelle aus demjenigen deutschen Historiker lesen, bei dem die Vorliebe für diese Zeit zum charakteristischen Zug seiner Geschichtschreibung geworden ist, um die Lage der durch Turniere und Sängerkämpfe so hoch gefeierten Fräuleins keineswegs beneidenswerth zu finden. »Blieben die Frauen und Töchter ritterlichen Standes,« heißt es bei Leo, »im eigenen Hause, so lebten sie, so lange sie unverheirathet waren, doch größtentheils in einem abgesonderten Theile des Hauses, wo sie selten gesehen wurden, und außer den nahen Verwandten und Dienstleuten des Hauses selten Männer sahen.

Wenn sie das heirathsfähige Alter erreicht hatten, wurden sie dann von ihren Eltern und von den Lehensherren oder Dienstherren verheirathet; sie hatten in der Regel in die Sache wenig zu reden; der Bräutigam fand sich mit den Angehörigen darüber ab, und man nannte das Eingehen der Heirath: kaufen.« Welches Loos den verheirateten Frauen unter den wüsten Trinkgelagen ihrer tapferen Herren, unter dem wilden Raub- und Jagdleben beschieden war, ist allbekannt. So war, genauer zugesehen, das Leben jener verherrlichten Frauen im Grunde um nichts besser, als das der Edelfräulein und Frauen auf dem Hofe des letzten Krautjunkers: eine Existenz, auf die wir als auf den Gipfel aller Erbärmlichkeit herabsehen. Wie ein Geschlecht, das von allem bildenden Umgang ferne gehalten und auferzogen wurde, nur um nach Erreichung des mannbaren Alters von seinem Dienstherrn an die brutale Sinnlichkeit eines wilden Mannes verkauft zu werden, dem Eintritt in dieses von Kindheit auf mit stetem Schrecken und Abscheu aus der Ferne angehörte Getümmel den Eingang durch die stille Klosterpforte zu

einer stummen Grabesruhe vorziehen konnte, wird man begreiflich
finden. – Gleichwohl ist unverkennbar, daß sich hier die Liebe zuerst in selbstständiger, eigenthümlicher Gestalt ausprägte und daß
sie wenigstens in der abstrakten Vorstellung die beherrschendsten
Einflüsse auf alle übrigen Lebensgebiete gewann. Ebenso unläugbar
aber ist, daß diese abstrakte Form der Liebe, wie sie sich unter dem
Einfluß der Religion im germanischen Mittelalter ausbildete, tief in
unser gegenwärtiges Leben hereinragt und zwar ebenso nach ihrer
innerlich spiritualistischen wie nach ihrer äußeren ritterlich galanten Seite. Der religiös-poetische Duft war bald abgestreift und es
blieb davon nichts als eine höfische Etikette, eine äußerliche Galanterie. Wie sich die ausgezeichnetsten Ritter des sechzehnten Jahrhunderts zu den Damen verhielten, wie sie ihre Gunst keineswegs
blos durch zarte Huldigung, sondern nicht selten durch gewaltsa-
mes Zugreifen erlangten, ist besonders interessant bei Brantome zu
lesen. Aber auch unsere moderne, höfisch feine und adelig vornehme Galanterie, ist sie in den meisten Fällen etwas Anderes als eine
traditionelle Etikette, hinter welcher sich in den meisten Fällen
nichts als das Bedürfniß einer Sinnlichkeit versteckt, der es an allem
wirklich gebildeten geistigen Gehalte fehlt.

Mit der Darstellung der ritterlich-galanten, spiritualistisch-
romantischen Liebe ist aber das Mittelalter, wie schon bemerkt,
keineswegs erschöpft. Die Zeit ihrer eigentlichen Herrschaft beschränkt sich auf die beiden Jahrhunderte der Kreuzzüge; mit den
größeren Unternehmungen der Christen gegen die Mauren in Spanien, woran zahlreiche Ritter der verschiedensten Nationen, namentlich französische und burgundische, Theil nahmen, und mit
dem wenige Jahre darauf folgenden ersten Kreuzzug begann ihr
Aufschwung; mit den ihren ursprünglichen Charakter immer mehr
verlierenden und nach und nach ganz aufhörenden Zügen in das
Morgenland ließ auch ihre Begeisterung nach. Die Kreuzzüge waren besonders geeignet, diesen romantischen Schwung der Gefühle
zu tragen, nicht blos als ferne, den abenteuerlichen Sinn anregende
Unternehmungen, sondern noch mehr wegen ihres religiösen Cha-
rakters, welcher auch hier mit der Liebe ganz specifisch zusammen-
hing, sofern der christliche Ritter immer auch von der Vorstellung
erfüllt war, für eine fromme, keusche Liebe gegen die sinnliche
heidnische Lust, im Namen einer unbefleckten Jungfrau gegen den

Houris- und Paradieses-Glauben der Mohammedaner zu kämpfen. Natürlich daher, daß mit der Herrschaft des religiösen Gefühls, welches während dieser Zeit Alles durchdrungen hatte, auch die ganze übrige Lebensanschauung, die auf demselben hauptsächlich beruhte, ihre Intensität und ihren unmittelbaren Einfluß verlor. Den nach den Kreuzzügen und in Folge derselben sich umgestaltenden und erweiternden Kreis der abendländischen Bildung nach allen seinen Stadien zu beschreiben, ist nicht unsere Aufgabe; wie aber die Geschichte der Liebe in den Anfangszeiten des Mittelalters so eng verflochten war in die allgemeine Geschichte, so auch hier, wo es sich um seine Auflösung und den Uebergang in die neuere Zeit handelt. Es sind daher die Elemente dieses Uebergangs ebenso in ihrem Gegensatz gegen das herrschend gewordene christliche Princip zu beschreiben, wie wir sie früher in ihrem Kampf mit demselben um die Erlangung der Herrschaft geschildert haben. Beidemale ist es die classische Literatur und Kunst, welche in vorderster Reihe steht; und da wir als Princip der classischen Zeit die schöne Sinnlichkeit kennen gelernt haben, so wäre es ja zum Verwundern, wenn dieses Princip nicht zunächst auch auf die Umgestaltung des geschlechtlichen Verhältnisses eingewirkt hätte. Wie die letzte Erscheinung einer wahrhaft schönen, sinnlich-geistigen Liebe vor dem vollständigen Hereinbrechen der mittelalterlichen Nacht aus der griechischen Literatur und Philosophie hervorging, ebenso sind auch wieder die ersten Darstellungen einer natürlichen, mit Fleisch und Blut begabten Liebe aus der Neubelebung dieser Studien abzuleiten.

Bekannt ist nun aber, daß die classische Form auf der einen Seite ebenso in den Dienst der herrschenden Anschauung trat und ihr zu einem formal vollendeten Ausdruck verhalf, wie sie von der andern Seite in schärfster Opposition dagegen auftrat und die Transscendenz auf allen Gebieten durch den natürlichen plastisch-sinnlichen Geist des Alterthums zu verdrängen suchte. So nun namentlich auch in der Liebe und ihrer poetischen Darstellung. Petrarca und Bocaccio pflegt man immer neben einander zu nennen, wenn man die Männer aufzählen will, welche Hauptträger dieser Neubelebung klassischer Form und classischen Geistes waren. Von ihnen brachte nun aber der eine den Idealismus der Liebe zu seinem schönsten, formal vollendetsten Ausdruck, indem er die Gefühlsinnigkeit und Schwärmerei des christlichen Minnesangs mit der Glätte und Rundung der heidnischen Dichter zu verbinden wußte; Petrarca's Sonette sind die ewigen Muster für jene ideale Liebesromantik, welche als ein Moment des innerlichen Gefühls auch ewig in ihrem Rechte bleiben wird. Auch ihm zwar galt die schöne Form als solche so hoch, daß er z.B. der genialen Sinnlichkeit einer Königin Johanna von Neapel alle Ausschweifungen eben um dieser classisch gebildeten Genialität willen zu gut hielt; er war aber seinem ganzen Charakter und seiner äußeren Stellung nach nicht der Mann, um der griechischen Sinnlichkeit auch positiv und principiell das Wort zu reden. Dieß that nun aber Bocaccio. Man bewundert seine Novellen als erste Muster einer schönen, gebildeten Prosa in der nachrömischen Zeit; die plastische Fülle seiner Darstellung ist aber nur der Ausdruck jenes antik sinnlichen Princips, welches sich in den Novellen des Decameron mit so naiver Üppigkeit und Rückhaltslosigkeit ausspricht. Er ist in unverholenem Kampf gegen die heuchlerische Moral einer entarteten Kirche und sucht dagegen eine natürliche aber schöne Sinnlichkeit zur Geltung zu bringen. Erröthend zwar sitzen seine Damen im Kreise, wenn die süßen Geheimnisse der Liebe muthwillig scherzend von ihnen erzählt werden, aber es versteht sich für sie von selbst, daß es die Bestimmung einer edeln und geistreichen Frau ist, mit den Reizen ihres Körpers und Geistes einen edlen Jüngling zu beglücken und dadurch selbst beglückt zu werden. Mit südlicher Unbefangenheit hören sie daher an, was ihnen als natürliche und notwendige Lebensäußerung erscheint und nur darauf sind sie bedacht, jeden das Schönheitsgefühl störenden Ausbruch der Lüsternheit ferne zu halten. In der siebenten Novelle des sechsten Tags läßt Bocaccio die Donna Filippa, eine Dame *di gran cuore*, ihre und seine Vertheidigung in den Worten führen: »was sie denn thun solle mit dem Uebermaß ihrer Liebesschätze, ob sie es den Hunden vorwerfen solle? ob es nicht viel besser sei, damit einem edlen Manne gefällig zu sein, der sie mehr liebe als sich selbst, als es todt liegen und verderben zu lassen?« Mit unendlichem Beifall wird ihre Rede angehört, im Triumph wird sie nach Hause begleitet, und in das Gesetz der Stadt aufgenommen, daß in Zukunft nur die Frau schuldig sein solle, die sich für Geld hingebe. Freilich weiß Bocaccio nichts von gemüthlicher Vereinigung und höherer Lebensgemeinschaft, in seinen anekdotenartigen Novellen konnte dieß auch gar nicht zur Sprache kommen; aber sein Verdienst bleibt es, das Recht der Sinnlichkeit ausgesprochen und die Forderung gestellt zu haben, daß sie den übrigen Lebensthätigkeiten auf schöne, gebildete Weise eingefügt werde.

Für die Italiener, deren Bildung stets einen stereotypen Ausdruck behalten hat, und für die romanischen Völker überhaupt, sind Petrarca und Bocaccio fortwährend die vollkommenen Vertreter des erotischen Gefühls und seiner Darstellung geblieben; sie haben es nie zu etwas Anderem gebracht als entweder zu überschwenglicher rhetorischer Deklamation nach hergebrachten Schemen ohne wahres inneres Pathos, oder zu einer sinnlichen Praxis, in welcher betrogene Ehemänner und glückliche Cicisbeos eine gleichförmige, langweilige Rolle spielen. Ihnen sind die beiden Hauptseiten des menschlichen Wesens immer noch in mittelalterlicher Entfernung nebeneinander, oder vielmehr die innerlich geistige Seite ist bei ihnen nie zu so intensiver Bedeutung gelangt, um sich in den sinnlichen Faktor tiefer hineinzuarbeiten und ihn zu durchdringen. Wir erkennen recht wohl die Mangelhaftigkeit und Einseitigkeit der beiden Standpunkte, gleichwohl sind auch für uns beide Männer von der höchsten Bedeutung, sofern wir sie als erste geschichtlich bedeutende Repräsentanten des Gegensatzes zu betrachten haben, welcher von da an immer bewußter hervortritt und immer lauter zu wahrhafter Vereinigung auffordert.

Die nächste bedeutende Fortbildung findet auf Seite der von Bocaccio vertretenen Sinnlichkeit statt. Wie in der ersten Hälfte des Mittelalters, in den Jahrhunderten der Kreuzzüge das Ritterthum, so ist in den Jahrhunderten nach ihnen bis zur Reformation das Bürgerthum die hervorragende Erscheinung.

Die freien Städte, deren Gelangen zu politischer Macht und Freiheit gewährender Wohlhabenheit geschichtlich mit den italienischen Republiken zusammenhängt, welche Bocaccio zum Schauplatz seiner Novellen macht, mit Mailand und Florenz, mit Genua und Venedig, erzeugten in ihren Mauern, sobald sich in denselben ein selbstständiges Leben gebildet hatte, nothwendig auch dieselben Lebensäußerungen, welche in den alten griechischen und neueren italienischen Freistädten Reichthum und Macht zur Folge gehabt hatten. Mit dem Reichthum stieg der Luxus und das Bedürfniß feinerer Genüsse, mit diesem aber die Freiheit und sinnliche Wohlbehaglichkeit des ganzen und insbesondere des geschlechtlichen Lebens. Ueberall erhoben sich in den üppig-reichen Städten neben den Nonnenklöstern andere Frauen- und Freudenhäuser, deren Bewohnerinnen ebenso ihre besondere Tracht und bestimmte Rangordnung hatten und die als etwas zum gedeihlichen Fortbestehen der Republik nothwendiges unter ordentlicher Aufsicht eines ehrsamen Magistrats standen. Fast war es in diesem deutschen Gemeinwesen wie in Venedig, wo einmal, um dem gar zu argen Unwesen zu steuern, mehrere Tausende dieser Courtisanen aus der Stadt gewiesen wurden, wo man sie aber nach kurzer Zeit als *nostre meretrice bene merite*, als um die Stadt wohlverdiente und unentbehrliche Frauenzimmer wieder zurückrufen mußte. In den niederländischen Städten namentlich, welche an Reichthum und Ueppigkeit alle übrigen in Europa übertrafen, nahm die sinnliche Freiheit und Lascivität in den beide Geschlechter vereinigenden öffentlichen Bädern einen eigentlich orientalischen Charakter an.

Die Ueberschwenglichkeit des Ritterthums und seiner romantischen Minne war also überwunden; das neugebildete bürgerliche Leben drehte sich nicht mehr um solche abstrakte Beziehungen, sondern hatte einen ganz soliden irdischen Boden und bewegte sich nach allen Seiten hin in derber Sinnlichkeit. Damit war aber für eine sittlich-ästhetische Gestaltung des Lebens eher verloren als gewonnen. Das ideale Princip, welches in Griechenland sich der Sinnlichkeit nie ganz entzogen hatte, weil seine Idealität eine natürliche und nicht eine spiritualistisch-transscendente war, konnte eben wegen dieser seiner letztgenannten Beschaffenheit innerhalb der mittelalterlich-christlichen Welt in die natürlichen realen Tendenzen nicht eindringen, sondern ging nur in der Ferne neben ihnen her, um sie gelegentlich daran zu erinnern, daß sie ohne seine Genossenschaft doch nur eine gemeine, spießbürgerliche Wirklichkeit seien. Es bildete sich allerdings im Gegensatz gegen den ritterlich-vornehmen Minnegesang der bürgerlich-natürliche Meistergesang aus; wenn aber jener in seiner idealistischen Überschwenglichkeit das eigentliche Leben kaum streifend berührte, so war dieser mit seinen derben Possen und Spässen noch weniger im Stand, dasselbe über eine hausbackene Wirklichkeit in das Reich idealer Schönheit zu erheben. Und zu Allem kam noch die Kirche mit ihrer fremdartigen Moral, die sie der Welt als Gesetz auflegen wollte, an das sie selbst am wenigsten glaubte und mit dem sie nur die natürliche und nothwendige Veredlung der Sinnlichkeit durch ihr eigenes Gesetz verhinderte, so daß das Verhältniß leider sich nicht kürzer als in der Alternative ausdrücken läßt, daß die Kirche die Sinnlichkeit und diese jene vergiftete. Sollen wir in einer Geschichte der Liebe die paar tausend Freudenmädchen anführen, welche als nothwendiges Requisit der Kirchenversammlung in Constanz anwohnten, die den Ketzer Huß zum Scheiterhaufen verdammte? Sicherlich aber gehört dieser die schöne Lukretia an, die Tochter des Pabstes Alexander VI, die Geliebte ihrer Brüder, deren Liebesbriefe an den Cardinal Bembo Byron so schön fand, daß er von denselben, weil die Mailänder Bibliothek das kostbare Dokument nicht aus den Händen lassen wollte, täglich einen auswendig lernte.

So lagen also überall die alten idealen Lebensmächte kraftlos zu Boden, die neugeborne Sinnlichkeit aber hatte ihr eigenes Gesetz noch nicht finden können! War dieß nicht eine Situation, welche, wie zur Zeit des entstehenden Christentums, eine allgemeine Reformation und Regeneration der sittlichen Zustände forderte?

Daß die Reformation keineswegs blos auf das religiöse Gebiet beschränkt war, sondern eine allgemeine Umgestaltung des Lebens nach seinen verschiedenen Beziehungen anstrebte, darf als allgemein bekannt und zugegeben vorausgesetzt werden. Ja, sie war ursprünglich nicht einmal vorherrschend religiös, sondern dieß nur, sofern die alte religiöse Macht des Mittelalters alle Lebensgebiete in solcher Unselbstständigkeit und Abhängigkeit von sich erhielt, daß eine Befreiung und Neubelebung derselben nur durch einen zunächst auf die Kirche und ihre Uebermacht zu richtenden Angriff erreicht werden konnte. Erst als die allgemeine sittliche und politische Revolution scheiterte und der über seine tausendjährigen Dämme gewaltig herausgetretene Strom in sein altes Bette wieder zurückzufluthen begann, nahm die Reformation ihren ausschließlich kirchlichen Charakter an. Dieß wird sich an keinem andern Gebiete einleuchtender nachweisen lassen, als an dem der Liebe.

Die Männer, in welchen damals das Princip der neuen Zeit am frischesten und kräftigsten pulsirte, waren die Jünger der classischen Literatur, deren gelehrte Bemühungen, ihre Pilgerungen über die Alpen und ihr Heimbringen der dort mit fleißigem Bemühen gewonnenen Schätze alter Bildung hier nicht näher zu beschreiben sind, die aber eine ausführlichere Schilderung verdienen nach dem Einfluß, den sie auf den ganzen Geist des öffentlichen Lebens ausübten. Es wimmelte damals in Deutschland von jungen Gelehrten und Literaten, die durch Flugschriften und Briefe mit einander verkehrten, von einer bedeutenden Stadt zur andern zogen und überall angesehene Männer fanden, welche den Mittelpunkt eines in schöner Geselligkeit sich versammelnden Kreises abgaben. Der in diesen Gesellschaften herrschende Geist aber war der des hochverehrten alten Griechenlands, des platonischen Symposions. Die Bewunderer alter Philosophie und Kunst waren auch Anhänger der alten Götter, Verehrer von Venus und Bacchus, deren Dienst sie in schöner und feinerer Weise in's Leben einzuführen sich bestrebten. Überall also suchten sie das Natürliche und Menschliche hervorzukehren, wie sie es in den ewigen alten Mustern fanden, und in Beziehung auf das geschlechtliche Verhältnis insbesondere hatte es allen Anschein, als wolle sich das natürlich derbe Element des Bürgerstandes, von dem die ganze Bewegung in letzter Beziehung getragen wurde, mit feinerem Schönheitssinn vermählen, von griechischer Form durch-

dringen lassen. Wie sich der Adel deutscher Nation einmal mit den
nationalen Bestrebungen des Bürgerthums zu verbinden auf dem
Punkte stand, ebenso schien der Idealismus des Ritterthums und
sein höherer poetischer Schwung mit dem das niedere Leben des
Bürgerthums vertretenden Meistergesang, mit dem nothwendigen
Complement seines einseitig spiritualistischen Wesens zu einem
vollständigen, von schönstem Geist durchdrungenen Leben zu-
sammengehen zu wollen. Der Mann, in welchem alle diese verschiedenen Elemente der nach neuer Gestaltung ringenden Gährung auf's Vollkommenste vereinigt waren, classisches, nationales
und ritterliches, ist Ulrich von Hutten, der classisch gelehrte, patrio-
tisch begeisterte, ritterlich galante Sänger, dessen Bedeutung in
letzterer Beziehung sich nicht kürzer und anschaulicher ausdrücken
läßt, als mit den Worten eines neueren Dichters:

> Du sahst den Kampf mit dir beginnen
> Das dunkle Aug' der Römerinnen ...
> Und bist mit Hassen und mit Lieben
> Doch ganz ein deutscher Mann geblieben.

Glaubt man aber vielleicht, diese sinnliche Seite habe sich nur bei
jenen jungen Männern von zweifelhafter Lebensstellung gefunden,
und meint man sie deßwegen als das dem ernstern Charakter der
Reformation nur schädliche und verderblich gewordene Element,
als gar nicht dazu gehörige Eindringlinge anklagen zu dürfen? Jedermann weiß, daß Luther selbst, der große allseitige Repräsentant
der an seinen Namen sich knüpfenden Bewegung, nicht nur dem
geistlichen Cölibat den Todesstoß gab, sondern daß er über das
Leben überhaupt und seine geschlechtliche Seite die freiesten An-
sichten hatte, die heitersten Aussprüche von sich gab. »Wer nicht
liebt Wein, Weib und Gesang, der bleibt ein Narr sein Lebenlang,«
war ja sein bekanntes Symbolum. In seiner ernstlichen Ansicht von
der Ehe geht er, der große Theolog und Ausleger des Römerbriefs,
allerdings ganz von den Voraussetzungen des Apostels Paulus aus;
wo er von den verschiedenen Ursachen spricht, aus denen man eine
Ehe einzugehen pflege, sagt er: »St. Paulus zeigt dieser einige an,
und ich weiß auch im Grunde keine stärkere und bessere, nämlich
die Noth. Noth heißt es. Die Natur will heraus ... und Gott will's
außer der Ehe nicht haben.« Daraus zieht er nun aber einen ganz

andern und entgegengesetzten Schluß, als der Apostel; er will die
Ehe und die in ihr zu befriedigenden natürlichen Triebe nicht durch
eine unnatürliche religiöse Anstrengung ausgerottet wissen, sondern hält sie umgekehrt für ein »äußerlich leiblich Ding, das nicht
hindert noch fördert den Glauben, und mag wohl das Eine Christ,
das Andere Unchrist sein, gleichwie ein Christ mit einem Heiden,
Juden, Türken mag essen, trinken, kaufen und allerlei äußerlichen
Handel treiben.« Wer hätte bei dem ernsten Reformator eine so
ganz naturalistische Aeußerung vermuthet, die das Widerspiel ist
von allem specifisch christlichen und von jeher bis auf den heutigen
Tag als gefährliche heidnische Irrlehre verdammt wurde? Er läßt es
aber nicht bei diesem theoretischen, doktrinellen Satz bewenden,
sondern zieht auch daraus ungescheut die kühnsten Consequenzen,
gegen welche noch in neuester Zeit alle, die jener naturalistischen
Ansicht principiell huldigen, auf's Eifrigste sich zu verwahren bemüht sind. Man höre: »Wenn ein tüchtig Weib zur Ehe einen un-
tüchtigen Mann zur Ehe überkäme, und könnte doch keinen Andern öffentlich nehmen und wollte auch nicht gerne wider Ehre
thun, sollte sie zu ihrem Manne also sagen: Siehe, lieber Mann, du
kannst meiner nicht schuldig werden, und hast mich um meinen
jungen Leib betrogen, dazu in Gefahr der Ehre und Seelenseligkeit
bracht, und ist für Gott keine Ehe zwischen uns beiden, vergönne
mir, daß ich mit Deinem Bruder oder nächsten Freund eine heimliche Ehe habe und Du den Namen habest, auf daß Dein Gut nicht an
fremde Erben komme, und laß Dich wiederum williglich betrügen
durch mich, wie Du mich ohne meinen Willen betrogen hast.« Hier
haben wir ja ganz jene natürliche Liebe, wie sie bei den Erzvätern,
wie sie bei Homer, bei Bocaccio uns begegnet ist. Allerdings ist es
nicht der höchste Standpunkt, wenn Luther in ihr nur ein »äußerlich leiblich Ding« findet, aber welche Arbeit wäre der Geschichte
erspart worden, wenn sie von dieser natürlichen Basis aus ohne
weitere Rückläufe sich ungetrübt zu höherer Geistigkeit hätte fort-
entwickeln können?

Allein bekanntlich sprang der Geist der Reformation von dieser
Natürlichkeit auf allen Gebieten schnell zu den entgegengesetzten
Extremen über. Indem der Protestantismus es sich zur Aufgabe
machte, auf den Geist des ersten ursprünglichen – nach seiner Meinung des reinsten und vollkommensten Christenthums zurückzu-

gehen, nahm er nothwendig auch alle die Einseitigkeit an, mit welcher das christliche Bewußtsein zuerst aufgetreten war, sofern es seinen geistigen Universalismus noch nicht nach allen seinen Consequenzen in das Leben einzuführen vermochte, vielmehr von diesen und seinen natürlichen Beziehungen ganz absehend sich in einer blos geistigen Innerlichkeit bewegte, welche eben deßwegen eine jenen natürlichen Lebensgebieten ganz äußerliche blieb. Es ist bekannt, wie sich die Reformation gegen die freieren weltlichen Elemente, denen sie großentheils ihr Dasein verdankte, in eine Opposition setzte, welche ganz der des ersten Christenthums gegen das Heidenthum zu vergleichen ist, wie sie den Geist überall auf seinen fernsten, abstractesten Standpunkt zurückführte. Gleich in den ersten Jahren der herrschend gewordenen neuen Kirche wurde von jenen Beförderern der classischen Studien, welche in der endlich zum Ausbruch gekommenen großen Bewegung den Anfang eines neuen, natürlicheren und freieren Daseins begrüßt hatten, die lauteste Klage erhoben, daß die schönen Wissenschaften, daß der durch sie genährte Geist feinerer Humanität überall darnieder liege, daß überall wieder die alte kirchliche Finsterniß des Mittelalters über das Leben hereinbreche. Insbesondere jene alte Feindschaft gegen die Sinnlichkeit war jetzt wiedergekehrt, welche früher als das Charakteristische der ersten christlichen Jahrhunderte geschildert wurde und die von dem Mittelalter im Ganzen so glücklich überwunden war. Klöster und Cölibat waren jetzt freilich aufgehoben, aber statt daß sich dort die Ascese und Abstinenz nur äußerlich, nur in einzelnen Instituten und wie um den guten Schein zu wahren, vom Leben zurückgezogen hatte, um dasselbe nach allen seinen übrigen Beziehungen mit liebenswürdiger Indulgenz nur um so freier gewähren lassen zu können, war jetzt der finstere Ernst der Ascese über das ganze Leben ausgebreitet. Diese Strenge konnte natürlich nach allen ihren Consequenzen sich jetzt ebenso wenig als in den ersten Jahrhunderten geltend machen, das Leben reagirte dagegen zu heftig; aber sie galt wenigstens lange genug als Princip des ganzen religiös-sittlichen Daseins. Dieser puritanische Geist des Protestantismus ist hier nicht weitläufig zu schildern, es wird an der Anführung einiger Züge genügen, welche ihn insbesondere in seiner Einwirkung auf das geschlechtliche Leben auf's Anschaulichste darstellen. Es ist z.B. noch nicht so lange her, daß in Massachusets die aus der guten alten Zeit herrührende Verordnung abgeschafft wurde, welche einem Mann am Sonntag sogar seine eheliche Frau zu küssen verbot. Wem aber ein solcher einzelner Zug zu untergeordnet erscheint für die Charakterisirung einer ganzen großen Geistesrichtung, der erinnere sich so vieler Aeußerungen des modernen Pietismus, der denke namentlich an die Herrenhuter, diese ächte Verkörperung des alten Glaubens und der alten Zucht in einer sonst über dieselbe bereits weit hinausgeschrittenen Zeit. Daß über die Vereinigung der beiden Geschlechter das Loos entscheiden soll, darin wird man nichts Anderes finden können als eine richtige Consequenz des alten Grundsatzes, daß der Glaube das Absolute und Alleingeltende sei, durch welches jede andere Regung ausgeschlossen, jede Neigung oder Abneigung überwunden werden müsse, so daß also eines im andern nur den Christen suchen und lieben dürfe, nicht aber den Mann oder das Weib, nicht den natürlichen Menschen nach seiner körperlichen und geistigen Individualität. Wenn wir von Zinzendorf lesen, daß er die Schlafsäle seiner Gemeinde besuchte, um von der ehelichen Vereinigung, »von des Lagers vergnüglicher Feier den stillen, behaglichen Schleier« wegzuziehen, welchen »die nächtlichen Stunden bereiten, das schöne Gespinnst«, daß er sie vor das Betpult verwies und in das helle Kerzenlicht, so erblicken wir hierin denselben Widerwillen gegen die Ehe überhaupt, als eine befleckende Berührung mit Welt und Sinnlichkeit, und die nur sträubende Unterwerfung unter die Gebote der Natur, welche die alten Kirchenväter erfüllten. Diese unnatürliche Behandlung des natürlichsten Verhältnisses hatte dann freilich zur Folge, daß der in seiner rechtmäßigen Entwickelung unterdrückte Trieb sich in jene mystisch-sinnliche Spielerei und Buhlerei mit den himmlischen Personen flüchtete, welche bei vielen dieser religiösen Richtung Huldigenden dann zu sehr materiellen Verirrungen Anlaß gab. Ja Zinzendorf stand mit seinen angeführten Grundsätzen über die geschlechtliche Vereinigung bereits ganz aus dem Boden des verrufensten Muckerthums. Das Streben dieser Sekte ist auch kein anderes, als von der Sinnlichkeit ganz frei zu werden; sie sucht aber dieses Ziel nicht dadurch zu erreichen, daß sie von derselben sich möglichst ferne hält, da dieß ja doch immer ein vergebliches Streben bleibt, sondern indem sie die Sinnlichkeit als etwas eigentlich gar nicht Vorhandenes betrachtet, als Etwas, das wenigstens den nur auf das Uebersinnliche gerichteten Geist gar nicht berühren darf und nicht berühren kann. Nur sofern der Geist als Wille und Phan-

tasie bei einem sinnlichen Akte sich betheiligt, nur so weit hat dieser
für ihn Bedeutung. Das Muckerthum nimmt daher das, was man
sonst mit dem dichtesten Schleier zu verhüllen pflegte, um jede
störende Einmischung in die Mysterien der Natur ferne zu halten,
umgekehrt vielmehr beim hellsten Tageslichte vor, in der Absicht,
dadurch jede Regung der Phantasie zu ersticken und das Sinnliche
als das blos Natürliche und Gleichgültige erscheinen zu lassen.
Diesen Ausweg hat übrigens die unterdrückte Sinnlichkeit von
jeher genommen; in seiner äußersten unnatürlichen Zuspitzung
biegt der Spiritualismus nothwendig um und schlägt in sein Gegentheil über; Beweis davon sind die zahlreichen Sekten des Alterthums und der ersten christlichen Jahrhunderte, welche alle auf
diese Weise die Sinnlichkeit in und durch sich selbst tödten wollten.
Während also die in ihrer berechtigten Freiheit anerkannte Sinnlichkeit überall durch sich selbst sich zu geistiger Verbindung erhebt, verfällt die unterdrückte nothwendig in häßliche Unnatur.
Das Muckerthum ist hievon nur das eclatanteste Beispiel; aus Erscheinungen aber, die aus demselben Princip hervorgehen und zu
ganz ähnlicher Unsittlichkeit führen, besteht fast das ganze moderne Leben, welches als Gegengewicht gegen die unmittelbaren sinnlichen Triebe nur eine äußerliche Moral ohne ein inneres geistiges
Gesetz der Schönheit und Sittlichkeit kennt.

Die Reformation war nach ihrer ganzen Anlage und Entstehung der große Entscheidungsmoment, welcher jeder freieren Richtung die Bahn zu gemeinsamer Entfaltung eröffnen, welche die Jahrhunderte lang in beständigem Ringen mit dem Geiste der alten Zeit begriffenen und endlich zu siegreicher Selbstständigkeit gelangten Elemente eines neuen Bewußtseins zu eigenthümlichem Leben vereinigen, zu geschichtlich anerkannter Geltung bringen sollte. Allein sie schlug, wie wir gesehen haben und wie sich an unserem Gegenstande gerade mit besonderer Deutlichkeit nachweisen läßt, in eine die begonnene Entwickelung um Jahrhunderte zurückwerfende Reaktion über, ganz analog dem mit dem ersten Auftreten des Christenthums zur einseitigen Uebergewalt gelangten abstrakten Spiritualismus. Wie aber jede Reaktion den Stachel des neuen Fortschritts in sich trägt, so auch das lange in seiner natürlichen Entwickelung zurückgehaltene Princip des Protestantismus; und wie die der Reaktion folgende neue Bewegung alles Alte in sich zusammenfaßt, es aber in rascherer Bewegung, in kürzeren Kreisen sich zur neuen Krisis abwickeln läßt, so sehen wir mit dem Wiederaufleben des freieren protestantischen Geistes im achtzehnten Jahrhundert die ganze frühere Entwickelung, nur in viel bewußterem und daher auch anschaulicherem und interessanterem Verlauf, gleichsam wie einen Mikrokosmus der Weltgeschichte an uns vorübergehen.

Die letzten Schilderungen betrafen Erscheinungen, in welchen sich der mit der Reformation zurückgebrachte einseitige Spiritualismus am schroffesten ausprägt; es ist aber schon bemerkt worden, daß es so nicht überall sein konnte, daß das Leben selbst mit seiner gesunden Natürlichkeit diesen Abstraktionen sich jetzt ebenso widersetzte, wie in jenen früheren Zeiten. Wie gestaltete sich nur das Leben da, wo das endliche Dasein und die idealen Forderungen ihre Spitzen gegenseitig an einander abstumpften? Hier begegnet uns jenes prosaisch-nüchterne, beschränkt-gemüthliche Philisterleben, wie es Jahrhunderte hindurch die breiteste Basis der allgemeinen Zustände war und es zu sein auch jetzt noch nicht aufgehört hat. Die spiritualistisch-religiöse Moral, welche grundsätzlich jede Aeußerung der Sinnlichkeit niederhalten sollte, fand es, auf diese Unmöglichkeit verzichtend, gerathener, dieselbe in einen bestimmten Kreis einzuschließen und innerhalb desselben ihr den nothdürftigen Spielraum zu lassen. Während sie früher mit der Wirklichkeit sich aussöhnte durch Aufbauung jenes wunderbaren, halb sinnlichen und halb geistigen Reichs, in welchem Himmel und Erde die mystisch-romantische Ehe mit einander schlossen, um die Früchte beider als gemeinsame Mitgift mit gleichem Rechte genießen zu können, gingen beide jetzt den zwar mehr äußerlichen, aber um so solideren und stichhaltigeren Vertrag mit einander ein, daß der Idealismus der Religion sich herbeiließ, die irdischen Interessen des gemeinen bürgerlichen Lebens zu hüten und vor jedem Eingriff, namentlich auch von der idealen Seite her, vor jeder weltlichen Extravaganz zu bewahren, das bürgerliche Leben aber zum Dienst für diesen Schutz seiner behaglichen Ruhe sich verpflichtete, keine andere ideale Macht anzuerkennen, sondern in allen Dingen von der Religion und Moral den Erlaubnisschein zu holen und nichts ohne ihre Bewilligung zu thun.

Dieß war die Lebensstellung, von welcher die Entwicklung der neueren Zeit ausging, von deren Boden aus sie unternahm, nach den verschiedensten Seiten hin sich freie Bahn zu brechen. Daß die Liebe und ihre poetische Darstellung hiebei die erste Stelle einnehmen, läßt sich wohl begreifen, denn sie war unter allen höheren Lebensäußerungen die unmittelbarste, an ihr konnten Alle Theil nehmen, um durch ihren Idealismus sich über die gemeine Wirklichkeit, in die sie gebannt waren, hinauszuschwingen, während Wissenschaft, Kunst und die übrigen Gebiete des Geistes für die Meisten verschlossen und unzugänglich waren. Auf welche Weise das Princip des Protestantismus in Kritik und Philosophie zu neuem Leben ausschlug, das näher darzustellen ist hier nicht unsere Sache; genug, ein höherer idealer Drang war nachgerade überall erwacht, er konnte sich aber nirgends in die Wirklichkeit hineinleben; was Wunder daher, daß er mit einer so gierigen Hast auf das allein offen stehende Feld der Liebe sich warf, daß er auf ihren Auen in seliger Unbekümmertheit sich zu ergehen suchte, daß auf die Liebe nun Alles bezogen wurde, daß die ganze Poesie und Literatur nicht mehr ohne sie sein konnte, von ihr der wiedergefundenen oder eigentlich jetzt erst entdeckten allein lebte?

Das allein freie Gebiet nannten wir die Liebe; allein war sie denn dieß? war ihr nicht vielmehr gerade jede freie und ihrem natürlichen Wesen entsprechende Bewegung verboten, war sie nicht dazu verdammt, bei dem trockenen Brod der Häuslichkeit sich zu kasteien, sie, die ihren himmlischen Leib nur mit Nektar und Ambrosia nähren will? Ihre heimlichen Freuden, ihre verstohlenen Genüsse freilich konnte ihr keine Moral wehren, und ohne Zweifel haben Tausende *in praxi* das Gesetz zu umgehen gewußt, das sie theoretisch noch nicht anzugreifen wagten; aber die Liebe fordert nicht blos den heimlichen Genuß, nicht einmal den Genuß als solchen und als letzten Zweck, sondern sie will auch anerkannt sein als die Götter und Menschen bezwingende Macht, sie will ihre Dithyramben, ihre Siegeshymne singen und das ganze niedrigere Leben zu ihren Füßen sehen als das gemeine, das nur von ihr geadelt und über seine engen Schranken hinausgehoben werden kann. Wie brachte es nun die Liebe zu dieser selbstständig geltenden, Alles beherrschenden Stellung? Zwei Wege standen ihr auch jetzt, wie immer offen: entweder sie stellte sich mit dem Spiritualismus auf gleichen Boden und suchte ihn zu überbieten, sie schwang sich in eine geistige Höhe, wohin ihr die Moral mit ihrem lahmen Flügelschlag nicht folgen konnte, von der aus sie die ordinäre Sittlichkeit weit unter sich hatte und auf alle unnatürlichen, erzwungenen Konvenienzen des Lebens stolz herabsehen konnte; oder sie trug auf eine förmliche Scheidung an, erklärte die Religion und ihre Moral für eine unnatürliche Abstraktion, die das Leben nur verzerre und durch Unterdrückung der schönsten Regungen innerlich vergifte, sie sprach unverholen aus, daß sie des gegenwärtigen Reichs der Schönheit und Sinnlichkeit sich bemächtigen wolle und im Genusse desselben nach ihren eigenen Gesetzen sich selbst genug sei.

Man pflegt sich aber immer noch im letzten Augenblick zu besinnen, ehe man die Scheide wegwirft und den Rubikon überschreitet und so ging auch hier der Entscheidung ein Interregnum voran, während dessen Liebe und Moral ihre Kräfte gegen einander versuchten, sich wechselseitig neckten und halb im Krieg, halb in einem faulen Frieden lebten. Die Sinnlichkeit erkannte die tugendhafte Moral wohl an, sie verwahrte sich auf's Angelegentlichste bei jeder Gelegenheit dagegen, ihr Gesetz untergraben zu wollen; auf der andern Seite aber stellte sie ihre eigenen Genüsse so schön und reizend dar, daß ihr Niemand werde verargen können, wenn sie mit süßer Schwäche dem unwiderstehlichen Reiz nachgebe; das Unterliegen war so schön, es war so unvermeidlich, daß man es kaum eine Sünde nennen konnte.

Himmlisch war's, wenn ich bezwang
Meine sündige Begier,
Aber, wenn mir's nicht gelang,
Hatt' ich doch Plaisir.

Diese *Lüsternheit*, die so gerne thun möchte, was sie nach ihrem
eigenen Geständniß nicht thun darf, hat Niemand mannigfaltiger
und mit lebhafterem Kolorit ausgemalt als Wieland, den man den
Nachahmer und Verpflanzer der französischen Literatur auf deutschen Boden zu nennen pflegt, weil dieses Verhalten sich bei dem
gewandten, praktischen Volk viel früher eingebürgert und in seine
Poesie den zierlichsten, bestechendsten Ausdruck gefunden hatte.
Er sattelt der Phantasie ihr Flügelpferd »zum Ritt in das alte romantische Land,« ruft ihr aber dabei warnend zu: »doch daß nach der
süßen, verbotenen Frucht euch nicht vor der Zeit gelüste.« Allein sie
genießen eben doch, und für sie ist der Genuß nun recht eigentlich
eine Sünde; sie sündigen und hören alle Donner des Himmels auf
ihr schuldiges Haupt hernieder schmettern. So arg ist es aber nicht;
sie haben ja nur gethan, was zwar nicht sein darf, was aber auch
nicht anders sein kann, was sie nicht lassen konnten; deßwegen
verzieht das Ungewitter, sie laufen in den Hafen ein und dürfen
nun in aller Ruhe und mit bestem Appetit dieselben Früchte verzehren, an denen sie »vor der Zeit« mit so viel Bangigkeit und Herz-
klopfen genascht hatten. Tausendfach ist dieser Kampf der Sinne
gegen ein verhaßtes, ihnen fremdes Gebiet bald feiner, bald plum-
per nachgesungen und nachgeleiert worden. Es war dieß die Form
der Liebe, welche so recht in der Vorstellung und dem ganzen inneren Zustand der Menge begründet war. Tausende haben ihr Feuer
mit Langbein's Schwänken geschürt oder, noch besser, ihre lüsterne
Sehnsucht mit den Figuren der Clauren'schen Romane erfüllt, welche Lüsternheit mit platter Sentimentalität zu einem noch widrige-
ren Gemisch zusammen quirlen. Man sieht, wie weit sich solche
Richtungen, besonders wenn sie so mundgerecht waren wie diese,
auch in eine bereits an höhere Kost gewohnte Zeit hinein erstreck-
ten; es versteht sich überhaupt von selbst, daß im Leben und auch
in der Kunst die einzelnen Elemente selten in ihrer ganzen Reinheit
sich geltend machten, sondern in den verschiedensten Verbindun-
gen in einander hereinspielten. Hier aber gilt es, dieselben in ihrer
Besonderung zu begreifen und dieß soll nun zuerst mit der einen

Seite, mit der Empfindsamkeit oder Sentimentalität geschehen, welche als der moderne Ausdruck des alten spiritualistischen Princips zu betrachten ist.

In der unentschiedenen Spannung gegen die Moral konnte Liebe und Sinnlichkeit auf die Länge unmöglich verharren. Wo die Liebe als selbstständiger, über die unmittelbare Natürlichkeit erhabener Trieb vorhanden ist, da ist es ihr ja, wie schon bemerkt, keineswegs um die Vollziehung des geschlechtlichen Verhältnisses als solche zu thun, worin sie vielmehr sich bald selbst auflösen und zerstören würde. Nur in der idealen Spannung hat sie ihr Dasein, in dem romantischen Schwung, welcher die Liebe als das höchste Gefühl über alle Prosa des Lebens hinaushebt, sie nicht als relatives Moment den übrigen Lebensbeziehungen eingefügt wissen will, sondern ihre Ungültigkeit verlangt und Alles, was sich nicht unmittelbar auf sie bezieht, für geistlos und gemein ansieht. Ein eigenes ideales Reich hat sich also wieder die Liebe geschaffen, nicht zwar – wie in der mittelalterlichen Minne – einen jenseitigen Himmel, aber einen noch viel unbestimmteren und unerreichbareren, den der bloßen Innerlichkeit und ihrer Bewegung nur in sich selbst. Ach hier will sie in ihrem seligen Schweben nur die zartesten Spitzen und Blüthen des irdischen Daseins berühren, den feinsten Duft davon abstreifen, nicht aber auf dem Boden desselben sich auch wirklich häuslich niederlassen. Wo sich diese Liebe zeigt, da handelt es sich also nicht um ihre Einbildung in das Leben; die Ehe ist ihr Tod und alle Schilderungen des Liebesverhältnisses beschäftigen sich nicht mit einer durch das romantische Gefühl idealisirten Gestaltung des ganzen Lebens, sondern sie drücken nur die »schwebende Pein« der Sehnsucht aus, welche ihren Gegenstand stets in unerreichbarer Ferne haben will und doch auch von ihm nicht lassen kann, ohne ihn gar nicht leben zu können erklärt. Ihr Ende kann daher immer nur Selbstvernichtung sein; erreicht sie ihr Object, so hört die Spannung auf und sie stirbt in der Ruhe des Besitzes, von der nur eingebildeten Höhe ihres nebeligen Gefühls stürzt sie in eine um so dumpfere Tiefe der banalsten Philisterhaftigkeit herunter, je weniger sie das wirkliche Leben mit seinen concreten Zwecken bisher hatte kennen lernen. Dieß war der im Leben ohne Zweifel am häufigsten vorkommende Fall, das, was sogar mehr oder weniger Jedem begegnen muß, der in der Liebe mehr als ein äußeres Zweckmäßigkeitsverhältniß sucht. Erreicht sie aber ihren einzigen Gegenstand nicht, so ist es wo möglich noch schlimmer; sie muß entweder den Schmerz der Entsagung ewig mit sich herumtragen und in demselben sich selbst verzehren, oder sie muß mit einem heroischen Entschluß die Fesseln dieses Daseins auf einmal von sich abwerfen und den Sprung in die endlose Ferne wagen. Die letztere Wahl wird Jedermann an Goethe's Werther erinnern, in welchem diese ganze Richtung ihren letzten, vollendetsten Ausdruck gefunden hat. Der Goethe'sche Werther ist darum so bedeutend vor allen seinen Unglücksgenossen, weil er uns die ganze Lebensstellung dieser Liebe zu der inneren und äußeren Welt auf's Lebhafteste veranschaulicht. Praktisch ist Werther mit der ganzen Welt zerfallen; überall sieht er sich von der Welt, in die er mit seinem ezcentrischen Wesen nirgends eingehen kann, zurückgestoßen, im metaphysischen Sinn aber ist ihm das ganze Universum nichts als ein wiederkäuendes Ungeheuer; einem solchen Menschen bleibt nun nichts übrig als den letzten Trumpf auf einen geliebten Gegenstand zu setzen, dessen Besitz ihn mit Allem aussöhnen soll; fällt ihm auch dieses, so muß er nothwendig und rettungslos zu Grunde gehen. Daß Goethe durch die Objectivität seiner Darstellung sich selbst von aller Sentimentalität emancipirte, deren zeitbeherrschendem Einfluß auch seine gesunde sinnliche Natur sich nicht ganz hatte entziehen können, ist bekannt. Nicht ebenso aber waren die meisten Andern in dem glücklichen Fall, eine überwundene einseitige Richtung in den allgemeinen Fluß einer großartigen geistigen Bewegung aufzunehmen, die Sentimentalität ließ sich nicht durch einen Pistolenschuß das Licht ausblasen, vielmehr hat sie ihre Macht fort und fort siegreich bewährt und unter den lyrischen, dramatischen und epischen Darstellungen der Liebe sind bis auf den heutigen Tag manche, die nicht im Wesentlichen dieser Richtung huldigten. Statt des vergeblichen Versuchs, auch nur die ausgezeichnetsten dieser Gattung aufzuzählen, wollen wir hier blos die Bemerkung machen, daß selbst in der Blüthezeit der Sentimentalität, als ihre Herrschaft über die Gemüther noch durch keine anderweitig hereinspielenden Reflexionen gebrochen war, bereits jenes ironische selbstvernichtende Bewußtsein sich einschlich, daß es mit dieser Empfindsamkeit doch kein rechter Ernst sein könne, daß sie nur ein willkürliches Erregungsmittel und Spielzeug der Empfindung sei. Am interessantesten drückt sich dieß bei dem geistreichsten und feinsten aller Sentimentalisten, bei *Sterne*, aus. Ehe wir aber weiter zusehen, wie sich nicht nur die Empfindsamkeit auflöste, sondern jede Wahrheit des Gefühls überhaupt einer geistreichen Coquetterie Platz machte, müssen wir uns der andern Seite zuwenden, welche sich neben der Sentimentalität und im Gegensatz gegen sie ebenso wie gegen die Halbheit der Lüsternheit ausbildete, der natürlich freien, idealisch schönen Sinnlichkeit.

Wie die sinnliche Lüsternheit in ihrer feinen literarischen Gestalt wesentlich ein französisches Produkt zu nennen ist, so stammte die Sentimentalität in ihrer specifisch poetischen Form hauptsächlich aus England, aus dem schwermüthigen Norden, dem Vaterlande Ossian's und Hamlet's. Merkwürdig, daß auch die dritte Hauptgattung des erotischen Gefühls eine exotische Pflanze ist, die nur künstlich auf deutschen Boden verpflanzt wurde und auf demselben immer ein exclusives, vornehm-einsames Leben führte. Die ganze Bildung seit der Mitte des achtzehnten Jahrhunderts war eine weltlich freie geworden; nicht in einem jenseitigen Gebot, sondern in der Darstellung des eigenen menschlichen Innern, in der leidenschaftlichen Gemüthsbewegung wie in der objektiven Kunst und Philosophie fand man das Göttliche. Ein jener finsteren protestantischen Weltanschauung ganz entgegengesetzter Geist machte sich also überall geltend und fing an, Poesie und Leben zu durchdringen. Auch die spiritualistische Empfindsamkeit kannte ja kein anderes Gesetz als die eigene Bewegung ihres inneren Gefühls; sie stand aber mit ihrer Entfremdung von dem natürlichen Leben, mit ihrer ewigen Resignation dem alten Geiste doch immer noch ungleich näher. Nun aber sollte nicht die christliche Entsagung, sondern die griechische Schönheit als das Gesetz des Lebens gelten; nicht Empfindung und Leidenschaft allein waren die großen Stichwörter, sondern nach Natur ging der allgemeine Ruf, sie allein sollte den Durst stillen, von welchem das ganze Zeitalter sich ergriffen fühlte. Im staatlichen und gesellschaftlichen Leben aber fand man, wie früher schon gesagt werden mußte, diese Natur eben immer nicht, überall sah man sich von verkrüppelter und verschnörkelter Unnatur umgeben und nicht von idealen Gestalten. Daher blieb dem Subjekt nur die Aufgabe, in sich selbst das Schön-Menschliche auszubilden, die schöne Subjektivität, welche in die Welt einzugehen und in ihr sich darzustellen weiß. Da aber hiezu in der Nähe alle Mittel fehlten, so mußte man sein Ideal und die Mittel seiner Erreichung in der Ferne suchen, eben in der griechischen Welt, welche nun mit ihren mythologischen, heroischen und menschlichen Gestalten das allgemeine Bildungselement der Zeit wurde. Hiemit war nun Leidenschaft und Sinnlichkeit ebenso in das Leben eingeführt, wie demselben entfremdet, die Liebe war eine freie geworden, zugleich aber auch eine einseitig ideelle, aristokratisch-exclusive, eine bloße Kunstform ohne das Leben und die Bewegung der Wirklichkeit. Wenn im Mittelalter die Liebe zwischen Himmel und Erde getheilt war, überall nur halb heimisch, so hatte sie jetzt zwar eine rein irdische Heimath, aber nicht hier, nicht im kalten Norden, nicht in Deutschland, sondern in Griechenland und Italien; immerhin viel näher und eher erreichbar, aber auch immer noch bei aller Sinnlichkeit ideell und jenseitig. Wenn der Minnesänger in der Jungfrau die Hochheilige verehrte, so betete der Kunstjünger in dem Weibe die griechische Göttin an, er umfaßte sie mit seiner Sinnlichkeit nur, um an ihren warmen Gliedern den fleischgewordenen Marmor zu fühlen.

> Und belehr' ich mich nicht, indem ich des lieblichen
> Busens
> Formen spähe, die Hand leite die Hüften hinab?
> Dann versteh' ich den Marmor erst recht; ich denk' und
> vergleiche,
> Sehe mit fühlendem Aug', fühle mit sehender Hand.

Nicht das Weib, sondern die Römerin ist die Hauptsache;

> Und der Barbare beherrscht Römischen Busen und
> Leib.

Der vornehmste unter diesen Griechen war gerade Goethe, der zuletzt alles Leben in Stein zu verwandeln, alle Existenzen als glatte und kalte Statuen aufzustellen wußte. In ihm wird die klassische Ruhe bereits zu einem Egoismus, welcher, wie namentlich in Wilhelm Meister, an den Frauen nur herumexperimentirt, sie höchstens als den Diamantenstaub gelten lassen will, mit welchem der Brillant jener ausbündigen männlichen Bildung geschliffen werden soll.

Allerdings hatte die griechische Kunstbegeisterung auch noch eine andere entgegengesetzte Seite, die der Bewegung und lebendigsten Tapferkeit. Sie wild am kräftigsten vertreten durch Heinse. Er ist kein Aristokrat des Hellenenthums, sondern ein glühender griechischer Republikaner; nicht in olympischer Ruhe sitzt er da, um mit göttlicher Ruhe auf die Bestrebungen und Kämpfe des Lebens herabzusehen, sondern ein kräftiger Athlet will er selbst muthig kämpfend dem Dasein den Preis abringen. Aber wohin gelangt auch er endlich mit seiner griechischen Sinnlichkeit? Auch ihm sind im Ardinghello alle die schönen Weiber nach einander nichts Anderes als Gegenstände des enthusiastischen Genusses gleich ebenso vielen schönen Statuen. Der ganze Roman verläuft ohne eigentliche Handlung in lauter Kunst-Betrachtung und Reflexion und schließt damit, daß die glücklichen Inseln Paros und Nazos von der schönsten Jugend Italiens bevölkert werden, welche Weibergemeinschaft einführt und in kühnem Piratenkrieg die Türken aus jenem Heiligthum der Natur verjagen will, um dasselbe wieder zum Sitz des schönen Menschenthums zu machen. Eine nicht zu übersehende Lösung der orientalischen Frage, aber nicht ebenso glückliche des Problems der Liebe. Auch von dieser Seite, wie von jener classisch-aristokratischen, läuft die Sinnlichkeit in ein einseitig ästhetisches Raffinement aus; sie bleibt bei aller Schönheit der Form eine ungeistige und todte.

Dem Leben weit näher kam von einer Seite die Verbindung des griechischen Schönheitsideals mit germanischer Gefühlsschwärmerei und Sentimentalität, wie wir dieselbe so vielfach bei Schiller finden, als deren bedeutendsten Repräsentanten aber wir Hölderlin zu betrachten haben. Allein während diese Form allerdings an der Schönheit nicht wie an einer Statue vorübergehen, sondern sie mit dem Pygmalionshauch des tiefsten leidenschaftlichsten Sentiments beleben und sich mit ihr auf ewig verbinden, ja in ihr bis zum Aufgeben des eigenen Daseins versinken möchte, entfremdet sie sich andererseits dem Leben nur um so mehr, weil sie ihre Ideale in dem Leben ewig nicht einbürgern kann und über dem vergeblichen Streben auch den nächstliegenden Genuß der Schönheit und Sinnlichkeit versäumt. Dieß war das Schicksal des unglücklichen Hölderlin. Sein Hyperion ist nicht ein jede Schönheit im geistig-sinnlichen Ringkampf sich unterwerfender Ardinghello, sondern

ein griechischer Werther, der in leidenschaftlicher Ueberschwenglichkeit die ganze geistlose Welt mit dem Hauche des Hellenenthums, mit dem Geist der schönen Menschheit neubeleben möchte,
und dem die Versenkung in Diotimas schöne Seele nur die Einzeln-
darstellung der allgemeinen großen Leidenschaft seines Herzens für
die Menschheit ist. Ueber dem vergeblichen Kampfe, Griechenland
zu befreien und die Welt zu vergeistigen, verliert Hyperion seine
Diotima und mit ihrem Verlust geht auch seine letzte Hoffnung für
die Menschheit unter. So zieht ein Ideal immer auch das andere in
den Abgrund; der Held endet in verzweifelnder Resignation, der
Dichter in traurigem Wahnsinn.

Die Sentimentalität und die schöne Sinnlichkeit sind die beiden
Hauptelemente in allen Erscheinungsformen der modernen Liebe,
sie sind die beiden Faktoren der Liebe überhaupt. Das Schöne ist
das Geistig-Sinnliche und die Liebe, welche das Schöne in seiner
geistigen Form realisiren will, kann kein anderes Streben haben, als
Geistiges und Sinnliches gegen einander in Fluß zu bringen, bis aus
der Mischung der beiden herrlichen Urkräfte der Silberblick des
Lebens aufsteigt. Es ist dieß das große alchymistische Räthsel, an
dessen Lösung der menschliche Geist ewig arbeitet: »vom Himmel
fordert er die schönsten Sterne und von der Erde jede höchste Lust.«
Der Stein der Weisen ist aber immer noch nicht gefunden, theoretisch nicht und eben darum auch nicht praktisch. Ueberall, im Leben wie in der Philosophie, herrscht der eine Faktor vor, und so
auch in der Liebe und allen ihren poetischen Darstellungen. Wo die
Einseitigkeit des einen Moments vor dem Reichthum allseitiger
Bildung und Schönheit der Form zurücktritt, erblicken wir den
relativ höchsten Sättigungspunkt, den wir in der Literatur als Classicität bezeichnen, als das Ineinander der schönsten Form und des
idealsten Inhalts. Unsere beiden großen Classiker sind uns in Allem
und in der Darstellung des Liebesverhältnisses insbesondere die
Repräsentanten dieser relativ höchsten Vereinigung, so zwar, daß
bei dem einen das geistig-spiritualistische, bei dem andern das sinn-
lich-plastische Element entschieden vorherrscht, ohne jedoch den
Zusammenhang mit der andern Seite allzu sehr zurückzudrängen.
Schiller ist der große Idealist, dem es nicht gelingen will, sich an die
lebenswarme Brust der Sinnlichkeit zu legen, der nur in weiter ne-
belgrauer Ferne das Ideal seiner Wünsche erblickt und in schöner

Sehnsucht darnach strebt; die Gegenstände dieser idealistischen Schiller'schen Liebe haben ihre Namen zur Bezeichnung idealer Sehnsucht überhaupt hergegeben; wer denkt hiebei nicht an Laura, Thekla und Emma? Ebenso kennt aber auch jeder die unübertreffliche Darstellung der sinnlichen Leidenschaft mit ihrer unwiderstehlichen Gewalt, den Mortimer.

> Was ist mir alles Leben gegen Dich
> Und meine Liebe!
> Eh' ich Dir entsage
> Eh' nahe sich das Ende aller Tage
> An dieser Brust,
> Auf diesem liebeathmenden Munde –
> Der ist ein Rasender, der nicht das Glück
> Festhält in unauflöslicher Umarmung,
> Wenn es ein Gott in seine Hand gegeben.
> Ich will Dich retten, kost' es tausend Leben;
> Ich rette Dich, ich will es, doch so wahr
> Gott lebt! ich schwör's, ich will Dich auch besitzen.

Umgekehrt ist es bei Goethe die in ruhigem Besitz befriedigte oder mit ungebrochener Kraft nach ihrem Gegenstand strebende Sinnlichkeit, welche er mit Vorliebe und Meisterschaft darstellt, die naive Hingabe Klärchens, die verzehrende Gluth eines Franz in Götz von Berlichingen. Selbst eine unnatürlich-geisterhafte Sinnlichkeit findet bei ihm den unvergleichlichen Ausdruck in der Braut von Corinth:

> Liebe schließet fester sie zusammen,
> Thränen mischen sich in ihre Lust,
> Gierig saugt sie seines Mundes Flammen,
> Eins ist nur im Andern sich bewußt.

Ebenso weiß er aber auch bekanntlich die ideale Hoheit in den herrlichsten Gestalten zu verkörpern, wie in Tasso. So finden wir also in Goethe und Schiller die beiden Hauptseiten des menschlichen Geistes und die beiden Hauptformen der Liebe in einer unübertroffenen Meisterschaft dargestellt und im glücklichsten Gleichgewicht vereinigt.

Eine absolut höchste und vollendete Form aber gibt es nicht in dem unendlichen geistigen Proceß, daher das unausgesetzte Ringen nach einer neuen Offenbarung des Geistes, nach einer Form, in welche sich der unendliche Inhalt nach seinen verschiedensten Seiten vollständig hineinlegen lasse. Es ist jedoch leichter, etwas zu wissen und zu wollen, als ihm auch den klaren, durchsichtigen Ausdruck zu geben; nur innerlich werden wir davon bewegt, nur als subjectiver Drang ist es in uns, es als selbstständige, abgerundete Gestalt abzulösen und außer uns herauszustellen aber sind wir nicht im Stande. Vermöge unserer unendlichen Subjektivität sind wir über Alles Meister, und im Stand Alles, auch uns selbst in die gährende Masse zu werfen, in deren Aufwallen wir dann auch unser Ich als das allseitig durchdrungene und gesättigte genießen wollen. Diese unklare Mischung und Nahrung, die über alle objektiven Verhältnisse und Formen übergreifende geniale Subjektivität ist nun aber die Form, in der wir über die ruhige Classicität hinausschieben wollten, die Form des modernen Lebens überhaupt und wieder der Liebe als des unmittelbarsten nächstliegenden Ausdrucks unserer Subjektivität insbesondere. Bei der Genialität als einer besondern Geistesform denken wir in Beziehung auf Deutschland zunächst an die Romantik und Alles, was mit ihr zusammenhängt, an Heine, das junge Deutschland, bis auf die neueste Weiberemancipation. Wollen wir aber die unendliche, rücksichtslose Subjektivität, die in sich selbst die Berechtigung zu Allem findet, von ihrem ersten Anfang an verfolgen, so müssen wir weiter zurückgehen, auf Rousseau, der auch hierin der Chorführer der neuen Zeit ist, dessen Blut wir Alle in unseren Adern schäumen fühlen, die wir einen energischen, leidenschaftlichen Antheil an dem Leben nehmen.

Rousseau's Stellung zu den geschlechtlichen Verhältnissen pflegt über seiner politischen Seite zu sehr übersehen zu werden; die Liebe war aber das große Thema seines innern Lebens von seinen Knabenjahren an, bis er im 60sten Jahre seine Confessionen schrieb, mit grauem Haar, aber mit dem Feuer eines Jünglings, der nach dem ersten Genüsse lechzt. Was später zur Manier wurde, ist bei ihm noch in frischester Originalität und, wir möchten sagen, in rührender Naivität. Voll dichterischer Phantasie und glühendster Leidenschaft ist er ganz durchdrungen von einem Ideal der Schönheit und des Genusses, das er nirgends erreicht, er theilt das Loos aller geistreichen Idealisten, welchen die Männer der äußerlichen Routine überall vorgezogen werden, die sich am Ende mit einem kümmerlichen Genuß begnügen müssen, um in demselben wenigstens ein Substrat für ihre ideale Schwärmerei zu haben. Es ist kaum zu sagen, auf welche traurige Weise er sich selbst betrügt, um sich in eingebildetem Genuß der ganzen Schönheit des Geschlechts bemächtigen zu können. Dieser höchsten idealen Sehnsucht aber begegnet nun bei ihm in sonderbarer Vereinigung die gerade entgegengesetzte Ansicht von Liebe und Genuß. Von der Schützerin seiner Jugend, jener merkwürdigen Frau von Warrens, welche seine Erziehung damit glaubte beendigen zu müssen, daß sie selbst ihn in die Mysterien des Genusses einweihte, nicht im Taumel der Leidenschaft, sondern mit ruhiger, eigentlich pädagogischer Vorbereitung, hatte er diese naturalistische Theorie erhalten, daß die Sinnlichkeit das an sich Gleichgültige sei, das den erhabenen Schwung des Geistes keineswegs zu unterbrechen oder zu trüben vermöge, eine Theorie, bei welcher die Seele und eben deßwegen auch die Schwärmerei der Sinne leer ausgeht. Aus der Vereinigung beider widersprechenden Elemente, der unendlichen idealen Sehnsucht und der ganz natürlichen Sinnlichkeit, sind alle Widersprüche in seinem äußern Verhalten und in dem Leben aller mehr oder weniger nach seinem Vorbild gearteten modernen Männer zu erklären. Wir können keinen Zweifel in seine Versicherung setzen, daß ihm von jeher nichts mehr zuwider gewesen sei, als die Berührung mit den bloßen Objekten des sinnlichen Genusses, daß er stets getrachtet habe nach dem Umgang mit der edelsten, gebildetsten Weiblichkeit. Gleichwohl bringt er es äußerlich nie zu etwas Höherem als zu Freudenmädchen, zu Scenen, deren Schilderung in seinen Confessionen Vielen zu so großem Anstoß gereicht. Der arme Jean Jacques, einer Therese Levasseur muß er sich an den Hals werfen; von der glänzenden, geistreichen, liebenswürdigen Frau von Houdetot dagegen, welche er allein geliebt zu haben bekennt, in der er die allseitige Verkörperung seines Ideals gefunden hätte, wußte er nichts zu erlangen, als das Geständniß, daß es keinen Mann von hinreißenderem Gefühl geben könne und daß er des höchsten Preises der Liebe würdig wäre, wenn – –. Den Widerspruch, in den er dadurch mit sich selbst kam, daß er nach dem Höchsten verlangte und sich zugleich an das Niedrigste wegwarf, konnte sich natürlich Rousseau nicht verbergen. Wäre er ein bloßer leichtfertiger Franzose gewesen, so hätte er sich mit einer ordinären Präzis leicht beruhigen können, aber er war ein eigentlicher Philosoph, ein Idealist, unter den Franzosen ein ächter Deutscher, der sich aus der leichtfertigen Weltlichkeit in das Schneckenhaus seiner Gefühle zurückzog und hier wühlte und bohrte, bis er sich selbst aufgerieben hatte. Aus dem Widerstreit seiner Gefühle, der lechzenden Sinnlichkeit und der idealen Schwärmerei, wußte er sich nicht anders zu retten, sein ästhetisches und sentimentales Gewissen nicht besser zu beschwichtigen als durch die Theorie, die er sich nun machte, daß die geniale, mit beispielloser Gefühlsstärke begabte Subjektivität über alles Aeußerliche Herr werde, daß sie in ihrem innersten Wesen nicht angetastet werden könne. Während er also in seinem äußeren Verhalten den gewöhnlichen Menschen gleich war, tröstete er sich mit dem Glauben, daß er innerlich sich von jedem unterscheide, daß keiner empfinde wie er, daß er unter allen Umständen der beste, der edelste Mensch sei. Man hat ihn schon oft verlacht wegen des pathetischen Eingangs in seine Confessionen, daß die Natur ihn in einer besondern Form geschaffen und diese dann zerbrochen habe, damit es keinen ihm Gleichen mehr gebe; er hat aber ganz Recht; er ist zunächst in der Form der neuen Zeit gebildet worden, ihr kräftigster und vollständigster Ausdruck; nur das ist nicht richtig, daß diese Form jetzt zerbrochen sei, vielmehr sind Tausende nach ihm aus derselben hervorgegangen; alle Männer der subjectiven Leidenschaft und Genialität sind Rousseau's Abdrücke, wenn sie es auch selbst nicht wollen und nicht Wort haben möchten.

Wir sind mit solcher Ausführlichkeit und Vorliebe bei Rousseau verweilt, weil er von dieser Seite noch nie gehörig gewürdigt wurde. Es mag auffallend erscheinen, aber es ist gewiß gegründet, daß er, der Vater des politischen und religiösen Rationalismus, zugleich der Vorläufer der deutschen Romantiker und aller modernen Genialität ist, d. h. der unmittelbaren Geltendmachung der über Alles übergreifenden und von Allem abstrahirenden Subjektivität. Bei Rousseau lagen aber, wie gesagt, die verschiedenen Elemente, aus denen die Männer des genialen Genusses ihre Theorie zusammenzusetzen pflegen, noch in viel zu natürlicher Unmittelbarkeit neben einander, er hatte mit dem Leben nach allen Seiten, theoretisch und praktisch, in viel zu ernstem Kampfe zu ringen, als daß er sich die

Faulheit des raffinirten Genusses bereits zum bestimmten Princip seines ganzen Lebens hätte machen können. Dieß geschah erst durch die fix gewordene deutsche Romantik, durch Fr. Schlegel in seiner berühmten Lucinde.

In diesem Buche tritt Schlegel mit der Prätension auf, die zerstückten Glieder der Liebe zusammenzubringen und sie zu einem herrlichen Leibe neu beleben zu wollen. Da die Sinnlichkeit stets die zurückgesetzte Seite war, so geht er natürlich von ihr aus und sucht sie zu den höchsten Ehren zu bringen. Mit ihr soll sich freilich ein höheres Princip vereinigen; die Sinnlichkeit tritt aber so übermächtig und unverhüllt auf, daß das Ideale sich ihr nur als das Bewußtsein beigesellen kann, neben der bacchantischen Versenkung in die Sinnlichkeit zugleich weit über dieselbe erhaben zu sein, sie mit ganz besonderer künstlerischer Virtuosität zu genießen. Was also für Rousseau aus dem Bedürfnis; der Selbstentschuldigung sich von selbst ergab, das wurde hier herrschendes Princip, übermüthige herrische Forderung; dem genialen Manne sollte Alles erlaubt sein, seine Bestimmung sollte gerade darin liegen, sich dem schrankenlosesten Genuß hinzugeben und dabei sollte er doch zugleich lein gewöhnlich Genießender, von jeder Libertinage weit entfernt, der geistreichste, interessanteste, der edelste und sittlichste Mann sein. In der Schlegel'schen Lucinde wird die ideale Befreiung von der Trivialität des Lebens zur Lehre von einem göttlichen Müßiggang, einem blos vegetirenden, wollusteinsaugenden Pflanzenleben. Der physische Genuß wird zu einem unnatürlich genial raffinirten; die Geschlechter tauschen ihre Rollen und die höchste Situation ist da, wo das Weib die unersättlich stürmende Begierde des Mannes annimmt und dieser der mänadischen Wuth sich nur hinzugeben braucht. Die Tausende werden beklagt, welche sterben, ohne eine Ahnung gehabt zu haben von dieser höheren Lust, »der Empfindung des Fleisches«, dem Kunstsinn der Wollust. Für Jünglinge ist diese Empfindung des Fleisches der erste Grad der Liebeskunst, dagegen eine angeborene Gabe der Frauen, durch deren Gunst und Huld allein sie jenen mitgetheilt und angebildet werden kann. Der höchste Grad aber ist für den Mann immer nur Folge einer besondern Begabung und Virtuosität des Subjects, welches in diesem Genuß den seiner Genialität allein adäquaten Zustand findet. Wie kann aber dieser Genuß ein dauernder Zustand sein? Dieß sucht

Schlegel anschaulich zu machen, indem er nach der Vereinigung mit seiner Lucinde das göttliche Duett singt von der ewigen Sehnsucht in der ewigen Ruhe. In dieser Verbindung der Sehnsucht mit der Ruhe soll das physische Element der Liebe mit dem geistigen, das Classische mit dem Romantischen vereinigt, die zerstückten Glieder zu dem einen göttlichen Leib der Liebe wieder zusammengesetzt sein. Allein was ist dieser Wechsel oder dieses Ineinander von Sehnsucht und Ruhe anders, als das sich um sich selbst bewegende Subject, das in immer neuer Irritation die Empfindung seiner selbst zu schärfen und in wollüstigem Opiumrausch sich zu genießen strebt? Was daher Schleiermacher für das Große der Lucinde hält, daß in ihr anschaulich gemacht werde, wie auch die höchste Sinnlichkeit schön und berechtigt sei, wenn sie in gesundem organischem Zusammenhang mit allen übrigen Lebensäußerungen stehe, das können wir gerade nicht darin finden; vielmehr hat Schlegel die Glieder der Liebe auseinander gerissen und auf dem Anger der Verwesung umhergestreut; der Sinnlichkeit wird ihr natürliches Leben, ihr angeborener Reiz genommen, die Idealität aber, welche sich über alle Verhältnisse ausbreiten und alle mit höherem Leben durchdringen sollte, schrumpft zu einer egoistischen Anmaßung und eiteln Selbstüberhebung zusammen.

Das Bewußtsein, das sich in der Schlegel'schen Lucinde ausspricht, blieb für die ganze folgende Anschauung, für jede bedeutendere poetische Darstellung maßgebend. In ihr ist in der That das Princip des modernen geschlechtlichen Verhältnisses ausgedrückt und es handelte sich jetzt nur darum, dasselbe weiter in das Leben einzuführen, es gleichsam zu popularisiren. Die schwunghafte, dithyrambische Form, in der sie sich bewegt und die dazu erforderliche Hebung der Phantasie, der künstlerischen Begeisterung ist doch immer etwas Exclusives und nur wenigen Begabteren Zugängliches; es gibt aber eine andere Form, in welche sich jeder leicht findet, die bei aller Niedrigkeit der Gesinnung und Armuth des Gefühls immer doch den Schein des Geistreichen und Großartigen hervorzubringen geeignet ist, die der witzigen Frivolität. Den Anfang hiezu halte bereits Schlegel gemacht; wie er die Lucinde mit einer Allegorie von der göttlichen Frechheit einleitet, in welcher die verschiedenen Standpunkte des allgemein geltenden Bewußtseins, die Tugendhaftigkeit, die liebe Sittlichkeit, die schöne Seele, die

Decenz und die Bescheidenheit als unbedeutende junge Damen
verspottet werden, bei denen man bei genauerem Zusehen sogar
Spuren von Verderbtheit und ganz gemeine Züge finde, so wurde
dieser Roman selbst eine Einleitung für die Frivolität des Witzes,
der Alles in dieser Weise deutet und heruntermacht, um an den
Anblick der nackten Frechheit zu gewöhnen. Dieß geht am weites-
ten und erreicht die der großen Menge mundgerechteste Form bei
Heine. Wenn bei Schlegel auch Leben und Liebe zu Grunde geht, so
war es ihm doch wenigstens Ernst mit dem Enthusiasmus des Genusses; mag man seine Art von Liebe, seine Wollusttheorie beurt-
heilen, wie man will, sie ist doch immer noch etwas Positives, etwas
wirklich Gewolltes und ihm als das Höchste Geltendes. Bei Heine
aber fällt sogar der Enthusiasmus des Genusses weg, selbst an die
Sinnlichkeit, an das Derbste und Greifbarste glaubt er nicht, Alles
wird ihm lauter Wind und Schein, so daß man ihn mit Recht den
geistreichen Verwesungsproceß der Romantik genannt hat. An die
Tugend glaubt er natürlich zum Voraus nicht, er hält sie für eitel
Lüge und Maske, daher die Dreistigkeit, mit welcher er jede prä-
sumirte Heuchelei entlarvt:

> Mädchen, solche große, schwarze Augen,
> Solche hat die Tugend nicht.

Oder noch deutlicher und handgreiflicher:

> Diese braungestreifte Lüge
> Streif sie ab, ich bitte Dich;
> Laß Dein weißes Heiz mich küssen;
> Weißes Herz, verstehst Du mich?

Aber auch die Liebe selbst und ihr Genuß ist ihm, wie alles Andere, gleichfalls nur eine Thorheit, womit es einem vernünftigen Mann
niemals Ernst sein kann:

> O König Wiswamitra, o welch' ein Ochs bist Du,
> Daß Du so viel kämpfest und büßest
> Und Alles um eine Kuh!

Sogar aus der Leidenschaft des Genusses also will sich Heine mit seinem Witze zurückziehen, sich über sie erheben und lustig machen. Überhaupt Alles, woran das Subjekt sich wahrhaft ernstlich und gemüthlich betheiligen will, wird als Bornirtheit und Ideologie verhöhnt; der geistreiche Mann nimmt nur den Schein der Empfindung an, weil diese dem Witz, dem Effect noch ein besonderes interessantes, blasses Air gibt, die Blässe des Weltschmerzes, der Zerrissenheit; er ist aber in jedem Augenblick bereit, mit einem witzigen Couplet aus aller Sentimentalität herauszuspringen, um dadurch noch pikanter zu werden. Als besonders charakteristische Probe dieser sich selbst verhöhnenden und vernichtenden Sentimentalität können die folgenden allbekannten Zeilen gelten:

> Nur einmal noch möcht' ich Dich sehen,
> Und sinken vor Dir auf's Knie,
> Und sterbend zu Dir sprechen:
> Madame, ich liebe Sie.

Zu diesem absoluten Nihilismus, zu dieser äußersten Prostitution des Leibes und der Seele hat es die Liebe gebracht, welche wir vor Kurzem noch so schüchtern unter dem Mantel der Moral hervorblicken und nach der süßen verbotenen Frucht das lüsterne Auge erheben sahen. Und diese witzige Coquetterie, dieses pikante Geistreiche, welches auch an die Liebe nicht mehr glaubt, an die Liebe unter keiner Form, welches den Genuß nur als Gegenstand des Witzes kennt, um das Genossene wie das Genießende zu ironisiren und zu verhöhnen, ist zum allgemeinen Zug der Zeit geworden. Der Witz ist der große Sieger, vor dem Alles hinfallen muß, der dem Darbenden die Satisfaction verschafft, als entbehre er den Genuß aus freiwilliger, verachtender Resignation, der dem Genießenden jeden Genuß durch das nebenher gehende Bewußtsein mit dem rechten Hautgout würzt, daß er immer noch etwas Höheres dabei genieße, von dem die Andern nichts wissen, das sich ihnen nicht sagen und mittheilen lasse.

Aus sich selbst kann aber der Witz auf die Länge nicht zehren, er braucht immer ein Anderes, das seine Springfedern wieder aufschnellen macht, das für sein Brillantfeuer den schönen geheimnißvollen Hintergrund abgibt. Die Sentimentalität war abgenutzt, man müßte daher ein anderes Gefühl suchen, welches der abgestumpften Blasirtheit den neuen, immer frischen Reiz gebe. Der lyrischen Zerrissenheit Heine's trat daher Byron's episches, melodramatisches Heldenthum zur Seite. Wurde von Heine das Gift in witzig-epigrammatischer Form eingeträufelt, so wußte Byron dieselbe Gesinnungsweise unter der prächtigen Hülle eines imponirenden Heroismus vorzuführen. Seine Helden sind ausgebrannte Vulkane, in denen die Leidenschaften furchtbarer als in irgend einem andern getobt haben, die aber jetzt über Alles hinaus sind, die eine Geliebte, welche sich dem interessanten Mann zu Füßen wirft, hinnehmen, als müßte es so sein, als verstände sich das von selbst, die alle Hingabe und Aufopferung der Liebe genießen »als wären's eben Pfifferlinge.« Statt des lustigen, immer springfertigen Witzlings haben wir bei Byron den kalten, in sich verschlossenen, geheimnißvollen Abenteurer, der die Arme kreuzt und die Lippen einkneift, der kaum zum sarkastischen Lächeln den Mund verziehen will, sondern höchstens ein Pistol aus der Tasche zieht, um dem unbequemen Gaffer Eines auf's Gehirn zu brennen. Diesem verschiedenen Ausdruck lag aber ganz die gleiche Gesinnung zu Grunde: Byron schilt sich, auf Sterne anspielend, selbst den Schurken, der über den todten Esel weine, für alle wirklichen, menschlichen Zustände von Leiden aber kein Gefühl habe; und auch diese Selbstanklage ist ihm natürlich nicht Ernst, sondern sie soll nur die Folie sein, um sein poetisches Gefühl desto glänzender und absonderlicher erscheinen zu lassen. Byron's Leben ist überhaupt das grandioseste Beispiel der durchgängigen Coquetterie der Eitelkeit und Selbstsucht, welches sich nur finden läßt, so daß einer seiner ausgezeichnetsten Biographen an den wahnsinnigen Stolz der römischen Cäsaren zu erinnern sich veranlaßt findet. Nach den Mitteilungen von Hunt ging diese eitle Coquetterie bei ihm ganz in's Unglaubliche und zwar gegen Männer ebenso wie gegen Frauen. Namentlich über seine berühmte Liebschaft mit der Madame Guiccioli werden wir berichtet, daß er mit ihr und über sie in einer Weise sprach, welche bewies, daß der größte Dichter keineswegs auch der beste und gefühlvollste Liebhaber sei. *Love is animation* – nach dieser Ansicht war ihm die Liebe ein Reizmittel ebenso wie er anderer geistiger Aufregung bedurfte, um die Fülle seines Witzes in die nöthige Gährung zu bringen und sie dann in einer Stanze des Don Juan niederzuschlagen. Waren seine früheren Gedichte keineswegs ohne alle

Wahrheit der Leidenschaft, so fällt er in diesem letzten, welches der wahrhafte und vollständigste Ausdruck seiner ganzen Weltanschauung sein sollte, ganz aus aller Poesie heraus und in die ächt Heine'sche Manier hinein; wie diese erregt er jede Empfindung nur, um sie mit dem kalten Strahl seiner witzigen Pointe desto sicherer wieder niederschlagen zu können. Es ist interessant, daß auch der englische Biograph dieses ganze Wesen aus dem *cancer of aristocracy* erklären zu müssen glaubt, von dem Alles angefressen sei, d.h. also aus der äußeren und inneren Vornehmthuerei, aus dem schrankenlosen Selbstgefühl, welchem gar keine feste Norm mehr gegolten, das sich nach willkührlicher Laune in den größten Widersprüchen herumgetrieben und nur das schön und wahr gefunden habe, worin es sich für den Augenblick selbst herumgeworfen und bespiegelt habe.

Neben diesem Egoismus beispielloser Eitelkeit ist aber nicht zu verkennen der großartige und wahrhaft titanische Genius, der bald mit rauschenden Schwingen sich niederstürzt, als wollte er die ganze Welt der Sinnlichkeit in seinen mächtigen Fängen mit sich forttragen, bald wieder in wildem Uebermuth seine kostbare Beute auf die Felsenriffe der Verzweiflung herunterfallen läßt und, nachdem er sich an dem Anblick ihrer zuckenden Glieder geweidet, in den grauen Nebel eines ertödtenden Nihilismus hinausfliegt. Diese halb wahnsinnige Gier des Genusses und des ewigen Unbefriedigtseins ist nirgends kürzer und prägnanter ausgesprochen als in den beiden folgenden Zeilen des unglücklichen Lenau:

> Ich habe manches Weib mit Riesenkrallen
> Auf's Lager des Verlangens hingestreckt.

Mit den Nägeln möchte sich hier ein mächtiger aber todwunder Geist in das frischeste Fleisch der Sinnlichkeit hineinwühlen; über der Vergeblichkeit seiner unendlichen Anstrengung endet er in verzweifelndem Wahnsinn, nach einer Seite wenigstens ganz seinem Wunsche gemäß, den Tod zu finden

> Nach rasch durchrastem Tanz
> An einer Dirne Busen.

Wenn eine solche sich selbst verzehrende Ueberreizung immer nur selten vorkommt, so ist doch die Zunft derer überaus zahlreich, bei welchen sich eine gleiche Kluft des Dualismus zum stehenden Bewußtsein ausgebildet hat. Gehört nicht bis auf einen gewissen Grad jeder sinnlich und geistig höher begabte Mann zu jenen über-sinnlich-sinnlichen Freiern?

> Vom Himmel fordern sie die schönsten Sterne
> Und von der Erde jede höchste Lust;
> Und alle Näh' und alle Ferne
> Befriedigt nicht die tief bewegte Brust.

In Heine und Byron hat die moderne Liebe ihren letzten poetischen Ausdruck gefunden und zwar in einer Form, welche ganz dazu geeignet war, durch alle Schichten der Gesellschaft hindurchzudringen. Rousseau und Schlegel waren immer nur wenigeren bekannt; die Lucinde, so sehr sich ihr Inhalt der sinnlichen Begierde empfehlen mochte, war doch in einer zu ungewöhnlichen, ja oft fast unverständlichen Sprache geschrieben, als daß sie nicht immer nur das Panier eines exclusiven aristokratischen Kreises hätte bleiben müssen; die hinreißende Gewalt Byron'scher Schilderungen, der stets siegreiche Witz und die leichte Form Heine's aber mußte jeder Einbildungskraft sich bemächtigen, jedem Verstand sich als das Höchste einer geistreichen Weltanschauung empfehlen. So sehr aber diese ganze Ansicht von der Liebe zur herrschenden Zeitrichtung wurde, so war sie doch immer nur eine literarische, die von poetischen Reminiscenzen zehrte, auf die Autorität einzelner tonangebender Männer sich stützte. Aus dieser so zu sagen nur literarischen und poetischen Existenz sollte sie nun heraus und in's wirkliche Leben eingeführt werden. Wir haben ja immer gesehen, daß die Liebe nur eine scheinbare Freiheit genießt, so lange sie mit den übrigen Seiten des Lebens, mit dem ganzen socialen und politischen Zustand nicht im organischen Zusammenhang steht. So war es aber während der ganzen sogenannten Restaurationszeit; das ganze Leben dieser Zeit hatte sich in die Literatur zurückgezogen und vergaß über seiner innerlichen theoretischen Bewegung, daß ihm die Freiheit und Wirklichkeit abging; die Liebe insbesondere hatte eine unbeschränkte poetische Entwicklung, aber sie konnte ihre romantischen Gelüste und ihre Sinnlichkeitstheorie nirgends im

Leben verkörpern. Die Zeit hatte eine auffallende Aehnlichkeit mit jenem Abschnitt des achtzehnten Jahrhunderts, in welchem ein höherer Drang nach Freiheit und Natur sich aller Gemüther bemächtigt hatte, ohne daß derselbe eine weitere äußere Verwirklichung finden konnte, als in der eigenen Ausbildung des einzelnen Subjekts, in der schönen Persönlichkeit. Dießmal aber sollte es Ernst werden und die äußeren politischen Verhältnisse mußten hiezu den Anstoß geben.

In Folge der Juli-Revolution wurde bekanntlich der erste Ansatz gemacht, die theoretischen Errungenschaften auf den Boden der Praxis zu verpflanzen und dieß geschah denn auch – und zwar in ganz hervorragender Weise – in Beziehung auf das geschlechtliche Verhältniß und die damit zusammenhängenden Fragen. Warum sollten nur wenige geistig Bevorrechtete frei denken, eines höheren geistigen und physischen Genusses sich erfreuen dürfen? Warum sollten nur Hegel und seine Jünger, die Philosophen von Profession, das Christenthum überwinden, warum nur Goethe als griechischer Gott die ganze Welt und ihre Freuden zu seinen Füßen sehen? Die Verdrängung des immateriellen Christentums, die Emancipation des Fleisches und des Weibs durfte nicht länger eine Frage der Schule, der vornehmen Literatur bleiben, sie mußte jetzt ernstlich in's Leben eingeführt, ein allgemeines sociales Problem werden. Warum sollte der höchste Genuß nur für die Vornehmen, für die Aristokraten des Lebens, der Künste und Bildung sein? Jene geniale Begabung, welche Schlegel für den höchsten Grad der Liebeskunst erlangt, fühlte sie nicht am Ende jeder in sich, der eine leidliche Phantasie und seine fünf gesunden Sinne hatte? Niemand wird läugnen können, daß diese Fragen vollkommen berechtigt waren und daß man mit dieser Demokratisirung der Bildung und des Lebensgenusses ganz den rechten Punkt getroffen hatte. Das aber ist das Auffallende und darin liegt der große Widerspruch, der sich durch alle modernen socialen Bestrebungen hindurchzieht, daß man eine aristokratische Bildung in aller ihrer Unnatürlichkeit und Abgelebtheit zum neuen, allgemein geltenden Princip des Lebens machen wollte und so der Gefahr sich aussetzte, das im Zusammenhang mit den verschiedenartigsten höheren Bildungselementen immer noch schön und poetisch sich Darstellende durch Losreißung von seinem natürlichen Boden zu oberflächlicher Anmaßung und widriger Carricatur zu verzerren.

Denn was war der Inhalt des neuen Streben, als ganz der alte jenes früheren genial-frivolen Standpunktes? Jeder junge Mann von leidlichem Aeußern, von einigem formellen Talent blähte sich zu einem geistreichen Heine, zu einem interessanten Byron auf, wollte sich mit dem philosophischen Tiefsinn Hegel's oder mit der aristokratischen Lebenskunst Goethe's brüsten. Man verlangte, daß das Subjekt sich einer höheren socialen Bildung theilhaftig mache, daß es mit Leichtigkeit sich in den höheren Kreisen der Gesellschaft bewegen könne und daß es namentlich auch die dazu gehörige äußerliche unabhängige Lage sich zu erringen wisse. Diesen so gebildeten, geistreichen und interessanten Männern des »jungen Deutschlands« sollten dann ebenso gebildete und geistreiche Frauen zur Seite stehen, die sich in Reise-Novellen, auf Theatern und in Bädern begegnen, gegenseitig in einander die vollkommene Persönlichkeit bewundern und vergöttern. Das war freilich wieder ein Leben und zwar das wirklichste, das nächstliegende; aber war es denn wirklich auch ein Leben, in welchem die vernünftige Thätigkeit eines Mannes aufgehen kann, dieses Conversiren und Dilettiren mit reisenden Literaten, Künstlern und Künstlerinnen? Eine solche Richtung konnte natürlich nicht zu allgemeiner Geltung im Leben gelangen, ja sie war so nichtig und inhaltslos, daß sie es nicht einmal zu einer bedeutenden literarischen Existenz brachte; sie trug nur dazu bei, die belletristische und erotische Literatur vollends um alles Leben zu bringen, die alten Bildungselemente gänzlich aufzulösen.

Die Bestrebungen, welche sich an die literarische Erscheinung des jungen Deutschlands knüpften, waren also bald theils äußerlich zurückgewiesen, theils an ihrer eigenen geistigen Leerheit und Impotenz zu Grunde gegangen; damit war es aber noch keineswegs aus. Seit Schlegel ist es immer und immer wieder die göttliche Faulheit, das Pfianzenleben des Genusses, welches die Sehnsucht des jungen Geschlechts erfüllt und auch seine scheinbar ganz entgegengesetzten praktischen Tendenzen auf wunderliche Weise durchdringt. In Frankreich, wo sie durch Sitte und äußere Verhältnisse mehr begünstigt wurden, haben die Emancipations-Doktrinen nie aufgehört, sich geltend zu machen, zu allgemeinster Verbreitung aber kamen sie in den neuesten politisch-socialen Bewegungen. Oder ist es nicht die Forderung des schrankenlosen Genusses, das Absehen von allen geordneten Verhältnissen des wirklichen Lebens, das sich interessant machen und unstät umhertreiben, welches jetzt von den Literaten und Künstlern auch zu den Ouvriers und Proletariern hindurch gedrungen ist und recht eigentlich den Kern unseres ganzen socialen Lebens mit allen seinen Wünschen und Bestrebungen bildet? In der neuesten Zeit erblicken wir den Versuch, ein von dem Princip ungebundenster Subjektivität ganz durchdrungenes Geschlecht unter das Gesetz objektiver klassischer Formen zu bringen. Dieser Versuch, die zwei einander entgegengesetztesten Principien auf äußerliche Weise mit einander zu vereinigen, muß die wunderlichsten, widersprechendsten Erscheinungen hervorbringen. Dieß tritt wieder an den geschlechtlichen Verhältnissen auf's deutlichste und lehrreichste hervor. Man hat nicht selten die von der römischen Anschauungsweise hergenommene Behauptung gehört, in der Republik liebe man nicht, die ganze Thätigkeit des Mannes habe so sehr in den öffentlichen Angelegenheiten aufzugehen, daß er höchstens noch für die Befriedigung seiner Sinnlichkeit Zeit und hiezu auch volle Freiheit habe. Andererseits aber ist die moderne Phantasie von so vielen romantischen Vorstellungen geschwängert, daß sie zu dem naiv-sinnlichen Genuß unmöglich je mehr zurückkehren kann. So kann denn nur eine Sinnlichkeit Platz finden, welche statt eines wahrhaft idealen Elements die leere Prätension in sich trägt, die Lebensäußerung eines besonders gebildeten, modernen, über alle Vorurtheile der Philisterhaftigkeit hinausgeschrittenen Subjektes zu sein. Diese Art der Liebe, welche jetzt insbesondere in die unteren Schichten der Gesellschaft einzudringen beginnt, während die oberen immer tiefer in einen noch geistloseren, blasirten Materialismus versinken, ist das Produkt der im Vorhergehenden geschilderten Entwicklung des Bewußtseins, wie dieselbe namentlich von Rousseau an begonnen und sich bis zur Vernichtung alles wahren Gefühls, zur Auflösung in das bloße Spiel des Witzes und der Selbstironisirung fortgesetzt hat. Dieser fort und fort sich geltend machende Einfluß romantischer Genialität, das Forterhaltenwollen dieses jedem wahrhaft gesunden Leben am feindseligsten sich gegenüberstellenden aristokratischen Princips ist es also, was wir als das verfehlte Bestreben bezeichnen müssen, das Neue auf der faulen Grundlage des Alten aufbauen zu wollen. Weil man das als heillos Erkannte nicht verlassen kann und will, sondern es nur immer allgemeiner geltend machen möchte, deßwegen aber sind alle socialen Zustände so widersprechend, so verworren und hoffnungslos. Wie auf allen übrigen Gebieten hat, seit die Heine'sche Poesie die Kritik der Vernichtung an dem alten Standpunkt vollzogen, sich auch auf dem Feld der Liebe keine neue positive Schöpfung hervorgethan. Warum dieß in der neuesten Zeit nicht sein konnte, ist in der Einleitung angegeben worden. Von allen Wegen aber, die man einschlagen kann, um zu frischer, lebenskräftiger Gestaltung fortzuschreiten, ist keiner sicherer, das Ziel zu verfehlen, als der zu der mittelalterlichen Romantik zurückleitende, die Liebe einem äußerlichen, heuchlerischen Glauben und seinen weltlichen Tendenzen unterordnende. Um so mehr ist es als ein Beweis für die Zerfallenheit der Zeit zu beklagen, daß von allen erotisch-poetischen Produktionen der neuern Zeit keine so weite Verbreitung gefunden als jene Amaranth, in welcher die Liebe nach dem Glauben und Bekenntniß gefragt wird:

> Kannst du Christum deinen Heiland, kannst du deinen
> Gott Ihn nennen?

Der Inhalt dieses Gedichts ist im Grunde kein anderer als der aller jener abgeschmackten Rittergeschichten, die wir seit langer Zeit als vollkommen abgethan betrachten zu dürfen glaubten; um so schlimmer, daß ein solcher Fouqué *redivivus* mit dem Anspruch auftreten kann, die kranke Zeit heilen und ihr ein neues Lebensgesetz bringen zu wollen.

Die ganze vorangehende Darstellung hat uns belehrt, wie eng die Liebe von jeher mit den Hauptmächten des Lebens verflochten war. Schon in Asien, bei dem ersten geschichtlichen Auftreten der Menschheit, war der ganze religiöse, sociale und politische Zustand von dem Verhältniß bedingt, in welches der Mensch zur Sinnlichkeit gesetzt wurde; die griechische Sinnlichkeit ist sprichwörtlich geworden zur Bezeichnung des letzten Princips, das der schönen Entfaltung jenes Volks zu Grunde lag; und je näher wir der neuen Zeit kommen, desto mehr wird die Liebe das wichtigste Problem, der Mittelpunkt aller unserer brennenden Fragen. Es will nirgends etwas vorwärts, weil es uns an der Liebe fehlt, nicht an derjenigen, die sich in »Armuth und Christenthum« zu bethätigen hat, sondern an der Frauenliebe, an einer wahrhaft natürlichen und zugleich höheren und idealen Ordnung des geschlechtlichen Verhältnisses. Es ist daher gewiß kein müßiges Werk, wenn man ihr das Wort redet, wenn man auf sie hinweist als den wichtigsten Gegenstand geschichtlicher Betrachtung und philosophischer Erkenntnis;. Wie jede neue Bildung von der Liebe ihren Ausgang nahm, ihr Erwachen in dem höheren Ausdruck dieses unmittelbarsten Gefühls zu erkennen gab und die Gestalten der Zukunft in ihren poetischen Darstellungen vorbildete, so werden wir auch jede höhere Richtung, durch welche die Liebe sich über die verworrenen Zustande der Gegenwart hinaufschwingt, als die Morgenröthe einer schöneren Zeit zu begrüßen haben.

Die Aufgabe, welche die Liebe zu lösen hat, ist aber ganz dieselbe wie die, welche dem Geist auf allen übrigen Gebieten obliegt: Das Bestreben der Gegenwart ist nämlich kein anderes, als das bisher blos theoretisch Erkannte nun auch praktisch zu verwirklichen und ernstlich in's Leben einzuführen; unsere Zeit ist unverkennbar damit beschäftigt, für die ideellen Principien, die wir als Errungenschaft des ganzen bisherigen geistigen Entwicklungsganges anzusehen haben, die materielle Verwirklichung, die äußere Existenz zu suchen. Dieß gilt für Religion und Philosophie, für Recht und Staat, am meisten aber muß es seine Geltung haben für die Liebe, diese allgemeinste Form, unter welcher sich der Mensch des Schönen als des Geistig-Sinnlichen bewußt wird, die unmittelbar geistig-sinnliche Lebensthätigkeit, welche alle übrigen Seiten des menschlichen Lebens in freier Notwendigkeit mit einander verbindet. Die

Erkenntniß, welche wir über sie aus der Geschichte gewinnen, besteht aber gerade darin, daß in ihr diese beiden Seiten des Menschen, der Geist und die Sinnlichkeit zu der innigsten Durchdringung gelangen sollen, um das Schöne zu verwirklichen und dasselbe zur natürlichen Basis des ganzen Daseins zu machen. Wir haben die klare Einsicht gewonnen, daß keines der beiden Elemente über das andere einseitig vorherrschen, daß insbesondere die Sinnlichkeit nicht zurückgedrängt werden dürfe, wenn nicht die ganze harmonische Entwicklung gestört werden solle.

Diese Erkenntniß aber nun auch anzuwenden und mittelst derselben das zerrissene Dasein zu verewigen und zu versöhnen, das ist eben das Ei des Kolumbus. Das durch einen einseitigen Spiritualismus so lange unterdrückte Recht der schönen Sinnlichkeit ist jetzt in seinem ganzen Umfang anerkannt, aber diese Sinnlichkeit ist zugleich aus dem Boden der gesunden Natürlichkeit, dem sie nie entfremdet werden sollte, herausgerissen und zu einem künstlichen Raffinement geworden. Ebenso wird die Notwendigkeit des idealen, geistigen Elements von keiner Seite geläugnet, dasselbe hat aber gleichfalls sein natürliches Wesen aufgegeben und sich in ein abstraktes Genialitätsbewußtsein verirrt. So schwebt die Zeit zwischen einem gemein-sinnlichen Materialismus und einem hypergeistigen Intellektualismus in der unseligen Mitte. Beide Seiten, statt sich gegenseitig zu heben und zu tragen, reiben in fruchtlosem Antagonismus einander auf, weil sie gleichermaßen den Boden der natürlichen Wirklichkeit verloren haben.

Die Elemente sind also da und zwar in reicherer Fülle als jemals und was wir von der Zukunft zu fordern haben, ist nichts als Sonne und Luft, als Freiheit und Leben, ein offenes Feld, auf dem sie sich ausbreiten, ihre Einseitigkeiten an einander abarbeiten und sich in einander einleben können. Hiebei wird die Liebe ebenso die fördernde wie die geförderte sein. Da sie die unmittelbarste Aeußerung der Individualität ist, so kann das Selbstbewußtsein auf keinem Punkt eine Modifikation erfahren, ohne daß sie dabei zunächst betheiligt wäre.

An der bisherigen Lebensstellung war das Verfehlte, daß das Individuum mit seinen allgemeinen Anschauungen von den concreten Verhältnissen sich ganz losgetrennt fand, so daß z. B. die Liebe

ein bloßes poetisches Kunstprodukt war, das eine von dem wirklichen Leben ganz geschiedene, blos illusorische Existenz hatte. Bis
auf die neueste Zeit glaubte der Mann eine höhere Geltung nur in
der über alle Wirklichkeit sich hinwegsetzenden Genialität zu finden und betrachtete, wie dieß ausführlich geschildert wurde, auch
die Liebe nur als einen Gegenstand seiner Willkür, so daß er sich in
ihre Gefühle einließ oder sich aus denselben zurückzog, ohne sich
von ihnen in Wahrheit ergreifen zu lassen, woraus jener täuschende
Schein, die zweideutige Stellung zum Leben entstand, welche Byron
mit koketter Aufrichtigkeit in den Worten ausdrückt: »man kann
ohne die Weiber nicht leben, aber mit ihnen auch nicht.« Die neueste Zeit führte einen Umschlag in das gerade Gegentheil herbei: Die
Individualität soll nichts mehr gelten, sondern der Mann nur so
weit er sich einer Partei unterordnet und von ihr getragen wird.
Diese beiden einseitigen Abstraktionen sind aber noch neben und in
einander, denn die verschiedenen Zeiten liegen noch nicht so weit
aus einander, daß nicht ihre entgegengesetzten Standpunkte in
denselben Individuen repräsentirt wären. Und diese doppelte Be-
einträchtigung der wahrhaft freien und gesunden Individualität ist
es, welche vor allen das Zustandkommen eines befriedigenden
öffentlichen Lebens hindert, dessen natürliche Basis immer das
geschlechtliche Verhältnis, die mit ihren idealen Forderungen in die
realen Verhältnisse der Familie sich gemüthlich einlebende Individualität sein wird.

In dieselbe Stellung, wie das männliche Geschlecht, ist aber nachgerade auch das Weib hinein gerathen. Die Darstellung genialer
Heldinnen, von den gesellschaftlichen Verhältnissen unabhängiger
Künstlerinnen u.s.w., das Beispiel einzelner wirklich ausgezeichneter und selbst die meisten Männer überragender Frauen hat dem
Geschmack allmälig die Richtung gegeben, daß an der Frau nicht
mehr Schönheit und Anmuth geschätzt werden, sondern das in
leiblicher und geistiger Beziehung Interessante und Pikante, das
Abnorme. Auf der andern Seite aber ist die weibliche Bildung, welcher man in neuester Zeit so viele Aufmerksamkeit zuzuwenden
anfängt, gerade von der Art, daß keine individuelle Entwicklung
dabei möglich ist, nichts als Oberflächlichkeit und uniforme Schein-
Dressur. Sein Eigenstes und Bestes wird dem Mädchen genommen,
ohne daß es dafür etwas wirklich Gutes und Stichhaltiges erhielte.

Auch hier also dieselbe Abstraktion der Gegensätze, welche es zu keiner wirklichen individuellen Lebensentwicklung kommen läßt.

Diese beiden dem Leben gleich entfremdeten Standpunkte, der abstrakte Idealismus und die raffinirte Sinnlichkeit, die bis zur Vernichtung aller Objektivität sich geltend machende Subjektivität und die jede Individualität aufhebende Gleichförmigkeit der praktischen Tendenz sind also zu überwinden. Läßt sich der Mann aus jener eitlen Genialität herab und auf das wirkliche Leben ein, gibt er sich andererseits den praktischen Tendenzen nicht vollständig hin, sondern sucht er feine von allen höheren, wissenschaftlichen, philosophischen und poetischen Einflüssen erfüllte Individualität sich zu wahren und kommt ihm das Weib entgegen, welches allen thörichten Emancipationsgedanken, allen pikanten und interessanten Gelüsten entsagt, dagegen an dem Leben des Mannes nach seinen verschiedenen Seiten, nach der wissenschaftlichen wie nach der politischen, in freier Receptivität sich zu betheiligen bemüht ist, so sehen wir einem allseitig erfüllten, wahrhaft schönen Leben entgegen, in welchem die beiden großen Gegensätze, das Allgemeine und Individuelle, das klassische und das Christlich-Romantische, oder mit einem Worte Sinnlichkeit und Geist zu aufrichtiger Versöhnung gelangen können. Erhalten dazu alle Lebensverhältnisse ihre unentbehrliche äußerliche, materielle Grundlage, werden sie von dem ebenso nothwendigen Hauch der selbstbewußten geistigen Bildung getragen, so muß das ganze Leben unter das Gesetz der Schönheit fallen, überall ist das Geistig-Sinnliche realisirt und Liebe und Schönheit werden ihre höchsten Feste feiern.

Über tredition

Eigenes Buch veröffentlichen

tredition wurde 2006 in Hamburg gegründet und hat seither mehrere tausend Buchtitel veröffentlicht. Autoren veröffentlichen in wenigen leichten Schritten gedruckte Bücher, e-Books und audio-Books. tredition hat das Ziel, die beste und fairste Veröffentlichungsmöglichkeit für Autoren zu bieten.

tredition wurde mit der Erkenntnis gegründet, dass nur etwa jedes 200. bei Verlagen eingereichte Manuskript veröffentlicht wird. Dabei hat jedes Buch seinen Markt, also seine Leser. tredition sorgt dafür, dass für jedes Buch die Leserschaft auch erreicht wird.

Im einzigartigen Literatur-Netzwerk von tredition bieten zahlreiche Literatur-Partner (das sind Lektoren, Übersetzer, Hörbuchsprecher und Illustratoren) ihre Dienstleistung an, um Manuskripte zu verbessern oder die Vielfalt zu erhöhen. Autoren vereinbaren direkt mit den Literatur-Partnern die Konditionen ihrer Zusammenarbeit und partizipieren gemeinsam am Erfolg des Buches.

Das gesamte Verlagsprogramm von tredition ist bei allen stationären Buchhandlungen und Online-Buchhändlern wie z. B. Amazon erhältlich. e-Books stehen bei den führenden Online-Portalen (z. B. iBookstore von Apple oder Kindle von Amazon) zum Verkauf.

Einfach leicht ein Buch veröffentlichen: **www.tredition.de**

Eigene Buchreihe oder eigenen Verlag gründen

Seit 2009 bietet tredition sein Verlagskonzept auch als sogenanntes "White-Label" an. Das bedeutet, dass andere Unternehmen, Institutionen und Personen risikofrei und unkompliziert selbst zum Herausgeber von Büchern und Buchreihen unter eigener Marke werden können. tredition übernimmt dabei das komplette Herstellungs- und Distributionsrisiko.

Zahlreiche Zeitschriften-, Zeitungs- und Buchverlage, Universitäten, Forschungseinrichtungen u.v.m. nutzen diese Dienstleistung von tredition, um unter eigener Marke ohne Risiko Bücher zu verlegen.

Alle Informationen im Internet: **www.tredition.de/fuer-verlage**

tredition wurde mit mehreren Innovationspreisen ausgezeichnet, u. a. mit dem Webfuture Award und dem Innovationspreis der Buch Digitale.

tredition ist Mitglied im Börsenverein des Deutschen Buchhandels.

Dieses Werk elektronisch lesen

Dieses Werk ist Teil der Gutenberg-DE Edition DVD. Diese enthält das komplette Archiv des Projekt Gutenberg-DE. Die DVD ist im Internet erhältlich auf **http://gutenbergshop.abc.de**